hänssler

Gott ist da – ganz nah

gott.net-Kolumnen
von Johannes Hansen

Hänssler-Hardcover
Bestell-Nr. 394.615
ISBN 978-3-7751-4615-9

© Copyright 2007 by Hänssler Verlag, D-71087 Holzgerlingen
Internet: www.haenssler.de
E-Mail: info@haenssler.de
Umschlaggestaltung: Jörn Peter Rieberer, smoox GmbH, Düsseldorf;
krausswerbeagentur.de, Herrenberg
Titelbild: Mitja Eichhorn
Satz: typoscript GmbH, Kirchentellinsfurt
Druck und Bindung: Ebner & Spiegel, Ulm
Printed in Germany

Inhalt

Report des Autors

Dieses Buch sollte eigentlich kein Buch werden. Seine Seiten sind vorher schon durch die technische Wunderwelt des Internets zu den Nutzern geflogen. Das Internet ist das Kommunikationsmedium des 21. Jahrhunderts. Der schnellste Weg „von mir zu dir" rund um die Welt.

Freunde aus verschiedenen Kirchen erkannten es als Chance. Sie gründeten das Projekt www.gott.net. Kreativ gingen Dieter Kohl und Monika Deitenbeck-Goseberg zusammen mit Freunden durch diese weit offene Tür. Theologen und Journalisten, engagierte Christen. Sie schrieben sich als spirituelle Zielsetzung die Kommunikation des christlichen Glaubens auf das Portal.

Der Autor stieg liebend gerne in das „network" seiner Freunde ein. Und schrieb und schrieb und schreibt. Mitte und Weite – Basis mit Horizont ist seine Perspektive. Kein unverbindliches Christentum, doch auch keine krankmachende Religiosität. Einladend und verlockend sollen die Impulse in die Wohnungen, Büros und Schulen kommen. Nicht der fuchtelnde Zeigefinger ist die Gebärde, sondern die ausgestreckte Hand. Der Autor versteht sich als ein Portier an der offenen Tür zum Glauben.

Einige Informationen sind noch zu geben: Wie es sich aus der Entstehung des Projektes ergibt, darf eine systematische Reihenfolge der Kolumnen nicht erwartet werden. Die notwendige Kürze der Texte erlaubt keine langen Erklärungen. Auch gibt es gelegentlich Wiederholungen von Zitaten und Basisaussagen. Es liegt in der Natur des Projektes. Es sind spontane gott.net-messages, die ihre Inspirationen durch ganz verschiedene Impulse bekamen. Intensive Gespräche mit Atheisten und Christen waren es. Suchende und Verächter waren Anreger. Ebenso Freunde und Kritiker der Kirchen. Und natürlich DAS BUCH, als die Bibel bekannt. So soll es weitergehen. Ein weiter Spagat wird angestrebt, jedenfalls versucht. Christen und Nichtchristen sind die Adressaten. Es muss doch mit dem Irrtum aufgeräumt werden, dass der Glaube nicht denkt und nur für kulturell Minderbemittelte geeignet ist. Das macht Offenheit zur Pflicht und Sensibilität zur Kür. Paulus, der bedeutendste Theologe der Christenheit, nannte ausdrücklich die Liebe das Transportmittel der News von Gott zu den Menschen.

Johannes Hansen

Jörn Peter Rieberer, Eigentümer der Werbeagentur smoox GmbH in Düsseldorf, hat mir das Cover des Buches geschenkt. Ich danke dem Freund herzlich. (Fotografie: Mitja Eichhorn; Solar de Uyuni/Bolivien; Salzmeer)

Ehre sei Gott in der Tiefe

„Ich kann mit deinem Glauben nichts anfangen", sagte er ganz offen. Ich fragte nach dem Grund, und er antwortete, es sei ihm alles zu groß und zu fern und geradezu gespenstisch, was er in einigen Abschnitten und Worten der Bibel gelesen habe. „Ich bin doch nur ein winziges Staubpartikelchen am äußersten Rand der Kruste dieses Erdballs", sagte er wörtlich. „Und um mich soll sich ein Gott kümmern?" Das sei doch wohl etwas zu viel verlangt von dem Gott, an den die Christen glauben, so wichtig wolle er sich nicht nehmen. Es waren die gewaltigen Bilder vom Himmel und dem Thronsaal des Höchsten und vieles mehr, was ihn offenbar niederdrückte. Irgendwie hatte er wohl auch Angst vor dieser für ihn fremden Welt des Glaubens. Wir hatten ein langes Gespräch bis in die Nacht. Als wir uns verabschiedeten, waren wir Freunde geworden. Nein, er war noch nicht „gläubig", wie man es zu nennen pflegt, doch er wolle über alles nachdenken und wir könnten ja dann noch mal miteinander reden.

Ich habe dem sympathischen jungen Mann von dem einen Gott erzählt, zu dem sich die Christen bekennen. Vom „heruntergekommenen Gott" habe ich ihm erzählt, vom „Karrierebruch" des Sohnes Gottes, der es nach einem uralten Gemeindelied der frühen Christen „nicht für einen Raub hielt, Gott gleich zu sein". Er war bereit zum Verzicht, so der alte Song, den der Apostel Paulus zitiert – und gab seine himmlische Herrlichkeit preis, um nach ganz unten zu wechseln. Er nahm die Gestalt eines Sklaven an, tiefer ging es nicht, und wurde ein Mensch wie wir. Schließlich ließ er sich am Kreuz hinrichten, um alles auf sich zu ziehen, was uns von Gott trennt (Philipper 2,6–11). So also kam er zur Welt. In die weiten Flächen, in die Schluchten und Abhänge, zu denen, die zum Horizont schauen, ob irgendwo noch das wahre Leben ist.

Ehre sei Gott in der Tiefe. Dem zu uns heruntergekommenen Gott. Das ist die verrückteste Religion, die man sich denken kann. Keiner hätte sie erfinden können. Eigentlich das glatte Gegenteil einer Religion, die etwas auf sich hält. Ja, so ist es. Wir unterwerfen uns keiner Religion und ihren Gesetzen, wir vertrauen mit allen Konsequenzen auf Jesus, durch den Gott zu uns in die Tiefe der Welt und auf die Ebene unseres Lebens kam. Jesus war kein Religionsgründer. Andere haben aus der Christenheit, wie Luther sie nannte, die Religion „Christentum" gemacht. Jesus hält das Leben seiner Nachfolger in der Spur. Doch er ist kein Privatgott für besonders fromme Leute, sondern einer für alle Menschen und vor allem für Menschen, die immer mehr begreifen, dass sie genau diesen Gott brauchen.

Damit darf diese elende Gottesangst zu Ende sein, die selbst Atheisten in den Knochen steckt. Genauso aber auch bei superfrommen Leuten, die sich eine solide religiöse Neurose geholt haben. Immer mehr, immer besser, immer noch gläubiger sagen sie und verkrümmen sich in sich selbst – wie der alte Luther sagte. Sie gehören zur Gattung der „religiös Behinderten", wie ich sie nenne. Es gibt zu viele von ihnen. Auch sie lässt Gott nicht los. Christus befreit uns vom Krampf der Religiosität. Wir können ihm völlig vertrauen.

Die Geschichte dieses „Sklavengottes" geht weiter. Einst werden sich alle Knie vor ihm beugen und alle werden bekennen, dass er Christus der Herr ist, zur Ehre Gottes, des Vaters. Fangen wir doch hier schon mal an. Generalprobe. Gott ist da – ganz nah.

denken und glauben

Denkwege

Denken und Glauben – stehen diese beiden Dimensionen einander wirklich so feindlich gegenüber, dass man sie besser gar nicht erst in Verbindung bringen sollte? „Das musst du eben glauben", heißt der bekannte Satz, den wir oft hören oder auch selbst verwenden. „Gläubige" gebrauchen ihn gelegentlich, was sich in einer naiven Art eher wie eine Schutzbehauptung anfühlt. Dem steht die andere Meinung gegenüber: Das Denken sei eine in sich derart geordnete und an den Voraussetzungen der Naturwissenschaften orientierte Dimension, dass ein konsequent denkender Mensch eben keinen Zugang zu dem gewinnen kann, was man unter „Glaube" oder „glauben" versteht. Dieser „Denkende" sagt in der Primitivform: „Ich glaube nur, was ich sehe."

Hier tut sich ein weites Gebiet auf, das man nicht in wenigen Zeilen erledigen kann. Gewiss nicht, doch sollte man nicht Schritt für Schritt einen „Denkweg" gehen, der irgendwann und irgendwie jedenfalls den „Glaubensweg" kreuzt? Ihn nicht einfach missbilligt und gar verachtet, sondern zu einem für beide Wege interessanten Kontakt führt? Umgekehrt natürlich auch. Der Glaube braucht das Denken ganz unbedingt, denn gerade der christliche Glaube ist ein denkender Glaube. „Ich weiß, woran ich glaube" ist eine zugleich spirituelle und intellektuelle Feststellung. Mir scheint, dass auch der Denkende gut daran tut, sich jedenfalls nicht automatisch vom Glauben zu distanzieren, als handle es sich dabei per se um Unsinn. Das dürfte wohl auch dem eigenen intellektuellen Anspruch kaum genügen.

Dabei geht es mir um beide Dimensionen der Suche, die des Denkens und die des Glaubens. Der Glaube hat seine eigene Denk- und Erfahrungsweise, doch er ist kein sinnloses Verfahren. Theologie ist kein Spielchen im Wolkenkuckucksheim, sondern redliche und durchaus harte Arbeit an dem, was die Kirche die „Offenbarung Gottes durch Christus" nennt. So soll auch dem naturwissenschaftlich Denkenden seine Ernsthaftigkeit in tieferen Fragen nicht abgesprochen werden. Auch wer sich als Atheist bezeichnet, ist immer ein besonders interessanter Partner im Disput um die Wahrheit.

Ich beobachtete, dass Missverständnisse oft damit beginnen, dass man von ganz unterschiedlichen Ansätzen der Wahrheitsfindung ausgeht, die nicht für das gemeinsam gewünschte Ziel, also einer Verständigung, geeignet sind. Ein einfaches Beispiel: Wenn ich ein Pfund Mehl wiegen möchte, also messen will, benutze ich keinen Zollstock, sondern eine Küchenwaage. Wenn ich einen Raum meiner Wohnung ausmessen will, geht es nicht mit der Briefwaage, die vor mir auf dem Schreibtisch steht, da ist der Zollstock passend. Für das Messen der Raumtemperatur brauche ich ein Thermometer und keine Uhr, die ja die Zeit misst. Wie aber erst, wenn man die Liebe zwischen zwei Menschen messen wollte? Wird da die Zahl der Pulsschläge gemessen wie in der Praxis des Arztes? Oder der dramatische Anstieg des Adrenalinspiegels? Jeder wird einsehen, dass dies keine geeigneten Wege sind, um das erwünschte Ziel zu erreichen.

Mit dem Glauben ist es wie mit der Liebe. Darum nimmt die Bibel auch oft die erotische Liebe als Metapher für den Glauben. Der Glaube lebt, obwohl er nicht gemessen und bewiesen werden kann. Er erfüllt einen Menschen wie die Liebe. Zum geliebten Menschen oder auch zu Gott. Als Jesus den Glauben des Verleugners Petrus nach Ostern prüfte, fragte er nicht nach Lehrsätzen, er fragte:

„Simon, hast du mich lieb?" Die berühmte Kurzformel für einen ganzheitlichen Glauben heißt: „Gott lieben und den Nächsten wie sich selbst."

Eine Gratulation an alle Liebenden und an alle an Christus glaubenden Frauen und Männer. Und ein überaus freundlicher Gruß hin zu jenen, die hier noch ein wenig nachdenken möchten.

Wie die Vernunft vernünftig wird

Unser Denken ist nicht neutral – es ist viel stärker, als wir annehmen, von Gefühlen und Interessen geleitet. Darauf hat schon Sigmund Freud, der Begründer der theoretischen und praktischen Psychoanalyse, hingewiesen. „Der Wunsch ist der Vater des Gedankens" – dieses bekannte Sprichwort ist im Grunde eine hochkarätige philosophische und psychologische „These" zur sogenannten Freiheit des Denkens. „Die Gedanken sind frei." Wirklich? Was man lange genug verdrängt und nicht wahrhaben will, kann man am Ende wirklich vergessen und für nicht wahr erklären. Der Umkehrschluss gilt ebenso. Wenn ich mir etwas für mich unbedingt Wünschenswertes herbeidenke, kann es durchaus hier und da gelingen. Unser Verstand ist offenbar verführbar und unsere Vernunft keinesfalls stets vernünftig. Was haben Menschen doch alles für vernünftig gehalten! Zu unserem Entsetzen auch die Ermordung der deutschen Bürger und Bürgerinnen jüdischen Glaubens während des Dritten Reiches. Es waren deutsche Männer und Frauen, die das taten. Und sie liebten ihren deutschen Schäferhund. Sie hatten ein dressiertes Gewissen.

Luther hat die Vernunft eine wunderbare Gabe Gottes genannt und zugleich eine Hure. Die Vernunft ist käuflich. Auch sie ist von Gott abgefallen. Wir können durch unser Denken große Erfahrungen machen und Gutes bewirken. Doch eben auch Schlechtes bewirken und uns selbst betrügen und täuschen. Als Beispiel eine eher lustige Geschichte: „Ich muss dringend eine mir so peinliche Sünde beichten", sagte die Dame im Beichtstuhl. Der Pfarrer fragte, um was es sich handle. Die Dame antwortete: „Es ist die Sünde der Eitelkeit." Es kam die Frage, wie diese sich äußere. „Ich finde mich so schön." Der alte Pfarrer erwiderte nach ein paar Sekunden trocken: „Irrtum ist keine Sünde, liebe Frau." Und entließ sie ohne Absolution.

Täuschen wir uns nicht, unser Denken ist nicht neutral: Es grenzt aus, was uns nicht in den Kram passt, und es hält an dem fest, was uns bestätigt. Auch wenn manche herbeigeholte Argumente nicht wahr sind, wir verinnerlichen sie, und schließlich stimmen sie für uns wirklich. Es sind die sogenannten „Lebenslügen", die erstaunlich starke Wurzeln haben. Oder man holt sich solide Neurosen, weil die Seele dann doch irgendwann streikt. Sich selbst belügen macht krank.

Auf diese Art und Weise gehen Ehen auseinander oder auch Freundschaften. Manche für uns total unverständlichen Aktionen von Rechtsradikalen, die durch die Straßen gehen und blöde Parolen brüllen, kommen durch diese Art von „Gehirnwäsche" zustande. Man kann das ganze gesellschaftliche Leben durchsuchen und stößt dabei immer wieder auf Fehlentwicklungen des Denkens. Auch der Glaube an Christus kann auf diese Weise abgewürgt werden. Man tut es bei sich selbst oder lässt es zu, dass es von außen geschieht. Wir Menschen sind leider oft unsere eigenen schlimmsten Feinde.

Auch Christen sollten hier sehr selbstkritisch sein. Die Nachfolge Christi beginnt mit der Umkehr in die Zukunft, nicht mit einer Rückkehr in fundamentalistische und selbstgerechte Spuren. Sie gehören zur „Avantgarde des Reiches Gottes", der Weg geht nach vorn.

Der Glaube würgt nicht den Verstand ab, er gibt die Vernunft nicht an der Garderobe ab, sondern öffnet das Denken und die Vernunft für jenen Geist, den die Bibel den „Geist Gottes" oder auch den „Geist Jesu" nennt. Dieser „Wind Gottes" fegt alles hinaus, was uns blockiert, und macht uns frei für den Glauben und für ein aktives und dankbares Leben. Der gute Geist Gottes will uns davor schützen, dass auch die Christen in eine von Interessen geleitete enge Kiste des Denkens geraten.

18

„Gott stirbt nicht an dem Tag, an dem wir nicht länger an eine persönliche Gottheit glauben, aber wir sterben an dem Tag, an dem das Leben für uns nicht länger von dem stets wiedergeschenkten Glanz des Wunders durchstrahlt wird, von Lichtquellen jenseits aller Vernunft." (Dag Hammarskjöld, bis zu seinem Tode 1961 Generalsekretär der Vereinten Nationen).

Der weinende Atheist

Ein unglücklicher Jude betet in der Synagoge und weint. „Was heult ihr, da ihr doch gar nicht an Gott glaubt?", fragt ihn einer.

„Es gibt zwei Möglichkeiten", entgegnet der weinende Atheist, „entweder ich bin im Unrecht und es gibt Gott doch – dann hat man schon allen Grund, vor ihm zu klagen und zu weinen. Oder ich habe Recht und es gibt ihn nicht – dann hat man erst recht Grund, darüber zu weinen."[1]

Diese kleine Geschichte fand entweder statt oder sie ist gut erfunden. Wer ein wenig Gefühl für die jüdische Sprache und Tradition aufbringt, wird hier schmunzeln oder gar selbst ein bisschen traurig sein. Man darf den Witz, der eigentlich kein Witz ist, auch mehrfach lesen. Damit man merkt, welch tiefe Not hier aufgerissen wird.

Es ist die geistige Schizophrenie, die ungezählte Menschen mit sich herumtragen. Die Gespaltenheit des eigenen Wesens und der Welt rundherum. Vielleicht kennt das auch mancher von uns, der durch Glaubenskrisen ging oder noch mitten in einer Krise steckt. In stillen Stunden kann einem Menschen heimlich aufgehen, wie furchtbar es sein könnte, jenseits der Todesgrenze festzustellen, dass es Gott doch gibt. Da ist starkes Weinen angesagt. Weinen über den Verlust des tiefsten Lebenssinnes, die Entdeckung, dass man buchstäblich die Karre seines Lebens in den Dreck gesetzt hat. Dass man ein Mensch ist, der seinem Gott das ganze Leben schuldig geblieben ist.

Da kann man nur weinen und hoffen, dass Gott gütig und barmherzig ist, mehr als wir je zu erwarten hofften.

Wer aber möchte es darauf ankommen lassen, wenn ihn diese dramatische Erkenntnis im Herzen und im Verstand packt? Gott will keinen seiner Menschen verlieren, keiner soll ihm verloren gehen. So hat er beschlossen. „Gott will, dass allen Menschen geholfen werde und sie zur Erkenntnis der Wahrheit kommen." So schreibt Paulus an seinen jungen Freund Timotheus (1. Timotheus 2,4).

Die Alternative ist ganz besonders empfindsam formuliert und geht mir tief in Kopf und Gemüt. Wenn der Atheist recht hat und es Gott wirklich nicht gibt, dann hat man erst recht Grund zu weinen. Das ist die Angst vor dem Nichts, der Verlust jeder Hoffnung, die über den Horizont hinausgeht. Da kommt einem der kalte Hauch der Gedanken des Franzosen Jaques Monod entgegen, der vom Menschen als von einem „Zufallstreffer" der Evolution spricht, der „wie ein Zigeuner am Rande des Universums" lebt und seine zufällige Existenz in der „gleichgültigen Leere des Universums" hat.[2]

Gott sei Dank, niemand muss in eine gleichgültige Leere des Universums stürzen. Jeder darf entdecken, dass er ein Geschöpf des „lebendigen Gottes" ist, wie Gott in der Bibel genannt wird. Also kein toter Götze, kein metaphysisches Gespenst, nicht ein Konglomerat von theologischen und philosophischen Sprüchen, sondern der „lebendige Gott", der uns auf seine geheimnisvolle Weise erschaffen hat. Der lebendige Gott, der sich durch Jesus von Nazareth als unser Gott bekannt machte. So tief ist er eingestiegen in unsere Welt und unser Leben. Als Jesus sich mitten unter den Sündern am Jordan mit der Bußtaufe des Johannes taufen ließ, solidarisierte er sich mit uns Menschen, wie wir sind. Und Gott sprach über ihm das Einsetzungswort: „Dies ist mein lieber Sohn, an dem ich Wohlgefallen habe" (Matthäus 3,17).

Wem das jetzt zu viel des Guten oder des Schwierigen ist, der sage einfach: „Herr, ich glaube, hilf meinem Unglauben" (Vgl. Markus 9,24). Ich erinnere mich an einen atheistischen Freund, der genau so Christ wurde.

Die Frage nach dem Sinn des Lebens

Was kann ich erkennen? Was soll ich tun? Was darf ich hoffen? Diese drei Fragen brachte der Königsberger Philosoph Immanuel Kant (1724–1804) in die Philosophie ein. Woher komme ich? Wohin gehe ich? Wozu lebe ich? Der marxistische Philosoph Ernst Bloch (1885–1977) formulierte ebenfalls drei Grundfragen, die Inhalt seines Werkes „Das Prinzip Hoffnung" sind. Bei beiden Philosophen geht es, wie wir es heute oft nennen, um die Frage nach dem Sinn des Lebens. Beide Denker meinen ihre Fragen nicht nur theoretisch, sondern sind darauf aus, Wege zur Gestaltung des Menschseins zu zeigen. Vom Erkennen geht es bei Kant zum Tun und schließlich zum Horizont der Hoffnung. Bloch gebraucht das auch in der Bibel bekannte Bild des Weges, wenn er vom Woher, Wohin und Wozu des menschlichen Lebens spricht. Leben also als ein Unterwegssein. Leben ist eine Aufgabe, nicht nur etwas, was uns widerfährt. Doch in der Wirklichkeit kann es schwer werden mit dieser Aufgabe. Viele zerbrechen daran, doch das soll nicht sein.

Holen wir die drei großen Fragen auf die Ebene des Alltags herunter, heißen sie vielleicht ganz hart und direkt: Warum lebe ich überhaupt? Mich hat keiner gefragt, ob ich leben will. Ich wurde ungefragt gezeugt und ungefragt geboren, jetzt hocke ich da und soll etwas aus meinem Leben machen. Doch ich bin arbeitslos, habe mich schon oft um Arbeit bemüht, kriege aber keine und lebe von Hartz IV. Andere fliegen nach Mallorca, ich bleibe auf Balkonien. Wie soll ich meine Zukunft planen, gibt es wirklich noch Lebenschancen für mich? „Soll das alles gewesen sein, das bisschen Sonntag und Kinderschrei'n?" (Wolf Biermann).

Das sind einige Stichworte, die sich auf andere Le-
bensumstände übertragen lassen. Auch auf sogenannte
„geordnete Verhältnisse", wie man sie nennt. Die Sinnfrage ist nicht nur bei sozial benachteiligten Menschen zu
finden, sie gilt ebenso für die Wohlhabenden, Gebildeten
und Hochdotierten. Man kann auch hinter der Frankfurter
Allgemeinen Zeitung, hinter der laut Werbung stets ein
kluger Kopf steckt, ein sehr unglücklicher Mensch sein.
Es ist die Urfrage aus dem Paradies: „Adam, wo bist du?",
die uns tief im Herzen erreicht und auf Antwort wartet.
Wer hier zurechtkommen will, sollte sich auf den Weg machen. Zurück zu Gott. So schrieb Augustinus (354–430),
Kirchenvater und Bischof von Hippo, in seinen „Confes-
siones" (Bekenntnissen): „Mein Herz ist unruhig in mir,
bis dass es ruhet, Gott, in dir." Auch er sagte es erst nach
Jahren eines eher oberflächlichen Lebens, in dem ihn ein
Ruf Gottes traf, der ihn zur Hinwendung zu Gott brachte.
So fand er den Sinn seines Lebens, auch wenn man diese
moderne Formel damals noch nicht kannte. Den Kern unserer Frage gab es jedoch in unterschiedlichen Ausfor-
mungen in den zurückliegenden Zeiten, und es gibt ihn
noch bis heute.

Bei vielen Frauen und Männern bricht die Sinnfrage bei
der Erfahrung des Alleinseins auf. Alleinlebende, Allein-
stehende, Alleinerziehende – das sind schwere Worte. Die
Frage nach dem Lebenssinn und wie man sein Leben gestalten kann, geht in die Tiefe, sie kann sich mit raschen
Antworten nicht zufriedengeben. Sie ist wie eine nie ganz
verheilte Wunde in uns, die auf Heilung wartet. Wir brauchen Ruhe für unsere Seelen, wie Jesus einmal gesagt
hat. „Kommt her zu mir, ... so werdet ihr Ruhe finden für
eure Seelen" (Matthäus 11,28-29). Wobei das Wort „Seele"
nicht eine Art unsichtbares Organ in uns meint, das man

nur fühlt, sondern das Innerste des Lebens, das sich auswirkt im Alltag unseres Lebens. Wir wünschen uns diesen
„Schalom", was Frieden, Glück und Lebensfreude meint.
So haben sich die Menschen in Israel damals gegrüßt und
der Gruß ist um die ganze Erde geeilt. Auch Jesus von
Nazareth hat ihn gebraucht und seinen Freunden aufge-
tragen, ihn überall weiterzusagen.

Die Frage nach dem Sinn des Lebens ist in der letzten Tiefe die verborgene Frage nach Gott. Oder vorsich-
tiger gesagt, ist es die nach dem letzten Geheimnis des
Lebens überhaupt. Ob wir, wie der französische Natur-
forscher Jaques Monod meinte, ein „Zufallstreffer" im
Universum sind? Weil die Mutation in der Natur zufällig
diesen Schlenker machte und so der Mensch entstand?
Oder sollten wir nicht doch darauf vertrauen, dass in allem
eine unbegreifbar geheimnisvolle Instanz wirkt, die das
Universum und auch uns Menschen ins Leben gerufen
hat? Ich habe mich für dieses Abenteuer des Vertrauens
entschieden. Gottvertrauen ist ein altes Wort unserer Sprache, ein gutes Wort. Ich verlagere meine Sehnsucht und
Hoffnung hinein in Gott und bin bei ihm zu Hause. Ich
tue es, wenn ich bete, wenn ich mich dankbar freue auch
über kleine Dinge des Lebens. Und ich tue es, wenn ich
meine Sorge, diesen Stein in der Seele, abgebe bei meinem
Gott. Ich habe mich für Gott entschieden. Und damit gegen
das Nichts und für den von Gottes Gaben und Aufgaben
erfüllten Sinn des Lebens. Ich weiß mich in Gott geborgen,
obwohl ich weiß, dass Gott unvorstellbar anders ist, als ich
es mir vorstellen kann. Unvorstellbar mächtiger, geheim-
nisvoller, größer und zugleich kleiner. Und unvorstellbar
herrlich in seiner Liebe zu uns. Er ist der Gott, der sich
durch Jesus von Nazareth bekannt gemacht hat unter uns,
darum wird er der Christus genannt. Durch Jesus Christus

erkennen und erfahren Menschen Gott. Diesem liebenden Gott vertraue ich mich an. Das ist mein „Gottvertrauen", ein schönes altes Wort für den Glauben der Christen.

Nimmt man alles zusammen, was wir vom Leben wissen, von diesem unglaublich differenzierten und intelligenten, wundersamen Leben in seiner umfassenden Weite und schließlich auch uns kleine Wesen mit den Namen Adam und Eva dazu – ist das nicht Anlass genug für einen vernünftigen Glauben? So nennt der katholische Theologe Hans Küng diese Erfahrung – einen „vernünftigen Glauben".

Er hat fabelhafte Gründe, der Glaube – und auf die lässt sich ein Mensch ein. Gewagt werden muss der Glaube an den Ursinn des Lebens in jedem Falle, wir sind auf das Wagnis des Vertrauens angewiesen. Der Physiker und Philosoph Carl Friedrich von Weizsäcker hat einmal über den Weg des Glaubens gesagt, es sei wie in der Forschung. Irgendwann müsse das Experiment gewagt werden, so auch beim Glauben an den Gott, der sich durch Christus bekannt gemacht hat. Nur so könne man herausfinden, ob die Wahrheit gilt. Erst im Experiment kann sich zeigen, ob das Vertrauen auf den Schöpfer und Erlöser unseres Lebens von einer tiefen Wahrheit getragen ist. „Vita experimentalis", hat Martin Luther gesagt – das Leben als Experiment des Vertrauens auf Gott.

Ist die Gottesfrage also die Rückseite der Sinnfrage? Gewiss, warum nicht? Auch so kann man es sagen. Eigentlich jedoch ist es umgekehrt: Gott ist der Anfang und das Ziel unseres Lebens, auch schon dann, wenn wir ihn nicht kennen, bis zu dem Zeitpunkt, in dem wir ihn entdecken. Und so löst sich die oft dunkel empfundene Sinnfrage. Wir sind keine Zufallsprodukte der Entwicklung der Natur, keine Eintagsfliegen, die ohne Sinn kommen und gehen.

Wir sind keine „nicht gewollten Kinder", wir sind von Gott gewünschte und geliebte Menschenkinder. Noch einmal, ich meine keinen allgemeinen Gott, eine „Gottheit", egal wer und wie er auch sei, sondern den „lebendigen Gott", wie die Bibel ihn nennt – der sich durch Jesus bekannt gemacht hat. Darum heißt Jesus der Christus, der Messias Israels und der Heiland (Retter) aller Menschen. Weil Gott sich durch ihn bekannt machte. Die Sprache des Glaubens redet auch von der Offenbarung Gottes. An ihn glauben, zu ihm kommen, sich ihm anvertrauen, das bringt die aufgeregte Seele zur Ruhe, schafft in uns einen tiefen Frieden und gibt uns eine Hoffnung, die das Leben ganz neu als Gabe und Aufgabe versteht. Da bleibt noch vieles zu klären, manches wird uns immer wieder Not machen, wir wollen uns nicht selbst belügen, doch diese Wahrheit „Gott in Jesus Christus" trägt. Nun gilt es das Experiment des Glaubens und so das Experiment des Lebens zu wagen.

Ich kenne arbeitslose Christen, ich kenne allein lebende Christen, ich kenne tief „angefochtene" Christen, ich kenne kranke und auch sterbende Christen. Der Glaube an Gott ist kein Zaubertrick, der alles besser macht und die Lebensnöte wie Krümel vom Tisch wischt. Nein, wir dürfen uns nicht selbst und gegenseitig belügen. Doch wir dürfen es auch nicht verschweigen, dass es einen Gott gibt, der uns nicht vergisst und uns liebt, dass es Menschen gibt, mit denen wir gemeinsam unterwegs sind. Die Gemeinde der Christen als eine Glaubens- und Sozialgemeinschaft der Liebe und gegenseitigen Hilfe. Auch darüber wird noch zu reden sein. „…. es muss doch noch Leben ins Leben hinein", hat Wolf Biermann seinen schon genannten Song fortgesetzt. Christen bekennen sich zu Christus, von dem es heißt: „Ich bin das Leben." So kommt das Leben in unser kleines Leben hinein. Auch der Tod kann uns von diesem

Leben nicht trennen. „Wer an mich glaubt, der wird leben, auch wenn er stirbt", hat Jesus Christus gesagt (Vgl.
Johannes 11,25).

Wenn der Wind des Wandels weht...

„Wenn der Wind des Wandels weht, bauen die einen Mauern, die andern Windmühlen."

Dieses arabische Sprichwort ist eine allgemeine Menschenweisheit, aber sie ist hier fabelhaft auf den Punkt gebracht. Wir Menschen haben manchmal Einsichten und machen Erfahrungen, die uns ein Umdenken und sogar eine Kehrtwendung vernünftig erscheinen lassen. Doch wir entscheiden uns anders: Nur keine Experimente. Alles soll so bleiben, wie es ist. Ja nicht aus der Ruhe bringen lassen.

Die Angst vor dem Neuen kann ein ganzes Leben überlagern und kraftlos machen. Man kann dabei auf Dauer seine wirkliche Identität verlieren. Wir entfalten unsere Möglichkeiten nicht. Wir bleiben hinter dem Entwurf unseres Lebens weit zurück.

Wenn das Neue eine menschenunwürdige und zerstörerische Ideologie oder sektiererische Lehre ist, wollen wir widerstehen und Nein sagen. Das ist nicht nur unser Recht, sondern sogar unsere Pflicht.

Doch das überraschend Neue kann ja auch ein guter und notwendiger „Wind des Wandels" sein. Für mich war das in jungen Jahren das Evangelium. Und der heilige Geist war der Wind des Wandels. Geist heißt im griechischen Neuen Testament „pneuma", also Atem, Hauch, Wind. Dieser Geist, mit dem Jesus in unser Denken und Fühlen einzieht, wird uns erfrischen, er wird den Staub und sogar den Dreck aus dem Kopf und Gefühl hinauskehren und uns in eine ganz neue Spur des Lebens führen.

Damals baute ich zuerst für Monate eine Mauer auf, denn ich hatte Angst vor der bevorstehenden Wandlung meines Lebens. Eines Nachts jedoch stürzte ich die Mauer um. Eigentlich war es aber die Überzeugungskraft des Evangeliums, die diese Mauer umstürzte. Der Wandel kam von draußen herein. Da begann ich Windmühlen zu bauen. Doch waren es ja die Baupläne Gottes, die er umsetzte. Gott selbst schenkt uns Windmühlen ins Herz und in den Verstand. Das Bild fasziniert mich. Der Wind fährt in die Flügel der Windmühlen. Die Flügel treiben das Kraftwerk an. Unser Denken und Planen, unsere Visionen und Wege geraten in eine immer mehr um sich greifende Wandlung.

Wer baut noch Mauern? Wer baut schon Windmühlen?

Jesus kam an den See Genezareth und sah Fischer bei ihrer Arbeit. Es war ihr ganz normales Alltagsgeschäft. Sie fischten mit Wurfnetzen in Strandnähe. Plötzlich stand er vor ihnen und sagte: „Folgt mir nach; ich will euch zu Menschenfischern machen." (Markus 1,18). Eine familiär und beruflich total unpassende Unterbrechung ihres Alltags, ja ihres ganzen Lebens. Doch dann geht es ohne längere Erklärungen theologischer oder psychologischer Art direkt weiter: „Und sie verließen alles" – also ihre Boote, ihre Netze, ihre Tagelöhner, sogar den alten Vater Zebedäus, der noch dabei war – „und folgten ihm nach." Der Geist Jesu Christi transportierte die Kraft der Entscheidung in ihre Herzen hinein (Markus 1,16–20; Lukas 5,11).

Hier war mehr im Spiel als ein „Wind des Wandels" allgemeiner Art; hier geschah der Ruf Gottes und Menschen kamen auf einen ganz neuen Weg. Er heißt in der Sprache der Christen: „Nachfolge Jesu Christi" – Sich in seinem ganzen Leben an Jesus orientieren.

Dietrich Bonhoeffer, ein Märtyrer der Christenheit, starb am 9. April 1945 als Christ im Widerstand gegen Hitler und gegen das Naziregime im KZ Flossenbürg am Galgen. Der ehemalige Lagerarzt H. Fischer Hüllstrung berichtet von seinem Sterben: „Ich habe in meiner 50-jährigen ärztlichen Tätigkeit kaum je einen Mann so gottergeben sterben sehen."

30

In seinem Buch „Nachfolge" schrieb D. Bonhoeffer 1937: „Nachfolgen heißt bestimmte Schritte tun. Bereits der erste Schritt, der auf den Ruf [Jesu] hin erfolgt, trennt den Nachfolgenden von seiner bisherigen Existenz. … Mit dem ersten Schritt ist der Nachfolgende in die Situation gestellt, glauben zu können."[3] Dietrich Bonhoeffers Sterben am Galgen war der letzte Schritt auf dem Weg der Nachfolge. Er ging in Gottes Himmel.

Niemand soll meinen, dass der Glaube an Jesus Christus eine laue Geschichte ist. Hier wird das Leben noch einmal neu gewagt. Und so erfährt der Glaubende die Nähe seines Gottes. Das Christentum muss sich leidenschaftlich überprüfen, ob es diese ursprüngliche Botschaft noch kennt. Man lasse sich von Jesus faszinieren und unterlasse oberflächliche Sprüche über den christlichen Glauben. Wer an den Ursprung geht, wird sehen, was der Glaube aus einem Menschen macht.

Mauern oder Windmühlen – was wollen Sie bauen?

Ich möchte glauben können

„Ihren Glauben möchte ich haben." So begannen manche Gespräche über den Glauben. Eine seltsame Aussage finde ich, weil ich mich nicht als eine Art „Glaubensheld" ansehe, sondern als einen ganz normalen Christenmenschen. Oft war jedoch in diesem Satz eine tiefe Sehnsucht nach Gott, nach Geborgenheit und innerem Frieden zu spüren. Erst nach einer jahrzehntelangen Verdrängung kommt vielleicht heraus, wie sehr jemand an seiner Entfremdung von Gott gelitten hat. „Alte Leute werden fromm." Ein spöttischer Satz, den ich sehr ernst nehme, denn was soll daran falsch sein, wenn jemand im Rückblick auf sein Leben tief nachdenklich wird? Aber das gilt ja nicht nur für Herrn und Frau Jedermann. Ich hörte einen Physiker berichten, dass es unter den jüngeren Forschern kein Geheimnis sei, dass gerade die großen Forscher gegen Ende ihres Lebens oft „religiös" würden. Nicht weil sie alt werden, sondern weil sie inzwischen so tief in die Geheimnisse der Natur eingedrungen sind, dass sie sich der Frage nach Gott und nach dem Glauben nicht mehr entziehen können. Doch es gibt auch junge Leute, die sich nach einem Ziel für ihr Leben sehnen und nach einem Halt, der wirklich hält. „Ich brauche eine Wahrheit, die mein Leben trägt", sagte mir jemand von ihnen. Wie wahr!

Gelegentlich begegnet mir bei Gesprächen über den Glauben auch so etwas wie eine distanzierte Skepsis mit einem leisen Spott. Beides stört mich nicht, denn der Glaube begann bei vielen Freundinnen und Freunden mit inneren Widerständen und Empfangsstörungen. Einer von ihnen zerriss in einem Wutanfall die Bibel und drehte sich aus dem dünnen Bibelpapier seine Zigaretten. So rauchte er nach und nach Teile der Bibel auf, kam aber nicht bis zum Ende dieses Buches. Denn er wurde Christ, ein an Jesus Christus glaubender junger Mann. Nun wurde ihm die Bibel zum wichtigsten Buch.

Nimmt jemand den Glauben aus kritischer Distanz in den Blick, muss er entdecken, dass es sich hier nicht um eine fromme Nebensache, um ein paar Gedanken und Gefühle handelt. Es geht wirklich um das ganze Leben, um alles. Was Milliarden Menschen durch Jahrtausende umgetrieben hat, kann einer nicht einfach nur für Unsinn halten. Erst recht nicht, wenn er Menschen kennenlernt, die total normal sind und sich zu Christus bekennen. Mich hat es am Anfang meines „Glaubensweges" – der Glaube ist ein Weg – immer wieder fasziniert, wenn jemand aus dem Freundeskreis zu mir sagte, dass er „zum Glauben an Jesus" gekommen sei. Heute sind diese Menschen Bauern, Ärztinnen und Ärzte, Handwerker, Architekten, Kaufleute, Offiziere, Taxifahrer, Bauarbeiter, Lehrerinnen und Lehrer, Sekretärinnen, Richterinnen und Anwälte, Eltern, Verkäuferinnen oder auch in der Politik. Einige wurden auch Pfarrerinnen und Pfarrer. Für sie alle ist der Glaube an Jesus Christus nicht die Randverzierung, sondern die zentrale Mitte des Lebens.

„Ich möchte gerne glauben können." Dieser Sehnsuchtssatz kann bereits der erste Schritt zum Glauben sein. Augustinus, der große Kirchenlehrer der frühen Kirche, hat einmal gemeint, dass ein Mensch, der von Herzen glauben möchte, eigentlich schon auf dem Weg des Glaubens sei. Das hat mir oft Mut gemacht, wenn ich jemanden begleitete, der viel Mühe mit sich selbst hatte, aber nicht aufhörte zu suchen.

Doch was ist mit Glaube gemeint? Jetzt müssten wir uns die Jesus-Geschichten der vier Evangelien – Matthäus, Markus, Lukas und Johannes – sozusagen vornehmen.

Jede dieser Geschichten ist weitaus mehr als eine ferne Erinnerung an die Zeit vor 2000 Jahren. Durch sie kommt Jesus heute zu uns Menschen. Das hat mit Ostern und Pfingsten zu tun. Der lebendige Christus übersetzt durch seinen Geist die Kraft der Geschichten von damals in unser heutiges Leben. Aus der Vergangenheit wird aktuelle Gegenwart. So erfahren wir, was Gott uns von seiner Liebe sagen will und was er noch mit uns vorhat. Der Mann, der damals am See die ersten Jünger rief: „Folgt mir nach; ich will euch zu Menschenfischern machen!" (Markus 1,17), verlegt das Ufer des Sees jetzt in unser Zimmer. Oder in eine Kirche, wo wir eine Predigt hören. Vielleicht auch in eine Kneipe, wo wir mit einem Christen über den Glauben reden. Er macht sich selbst aktuell, da brauchen wir nicht nachzuhelfen.

Gleich vorne im Johannes-Evangelium wird uns von einer regelrechten Kettenreaktion des Glaubens berichtet. Johannes, den sie den Täufer nannten, hielt am Jordan seine Predigten und taufte Menschen, die sich auf das Kommen des Messias vorbereiten wollten. Er lebte sozusagen auf der Grenze zwischen der Zeit vor Jesus und dem Beginn der Jesus-Christus-Geschichte. Man nennt ihn auch einen Vorläufer Jesu. Etwas salopp sage ich, er war der Türöffner für den Messias, auf den er in seinen Reden am Jordan hingewiesen hatte. Da kam Jesus von Nazareth, dieser geheimnisvolle Mann, an den Jordan. Der Täufer unterbrach seine Predigt, zeigte mit seiner Hand auf Jesus und sprach den alles entscheidenden Satz: „Siehe, das ist Gottes Lamm, das der Welt Sünde trägt" (Johannes 1,29).

Auf dem berühmten Isenheimer Altar des Matthias Grünewald sieht man den überlangen Zeigefinger des Täufers. „Seht ihn, seht hin, das ist der Mann, in dem Gott zu uns

33

kommt, um unsere verfahrene Lage wieder mit sich in Ordnung zu bringen."

Gott ergreift die Initiative, er bringt uns mit sich selbst zusammen, er richtet uns nicht hin, sondern bringt unsere Beziehung zu ihm selbst wieder in Ordnung. Hier wird alles auf den Kopf gestellt, was viele Menschen von Gott denken. Der Sohn Gottes stirbt für uns und für alle, damit wir alle als Freigesprochene und Befreite leben können. Das geschieht durch den Mann am Kreuz, auf den das Evangelium hinweist.

Und nun begann die Kettenreaktion. Sofort gingen zwei der Jünger des Johannes zu Jesus und schlossen sich ihm an. So ging es im Takt weiter, einer suchte und fand den andern, die Kette ging bis zu Philippus, den Jesus fand und ihm sagte: „Folge mir nach!" Und Philippus rannte zu Nathanael, um ihm diese die ganze Welt umstürzende Nachricht zu bringen: „Wir haben den gefunden, von dem Moses im Gesetz und die Propheten geschrieben haben, Jesus, Josefs Sohn, aus Nazareth." Nathanael war ein Skeptiker, er wollte sich nicht religiös vereinnahmen lassen: „Was kann aus Nazareth Gutes kommen?" So seine durchaus kluge Rückfrage, denn es gab keinerlei Hinweise in den Schriften, die dieses unbedeutende Dorf mit der Erwartung in Verbindung brachten. Philippus aber war ein kluger und guter Freund: „Komm und sieh es!", war seine Antwort. Jesus ganz persönlich kennenlernen, das ist der Clou. Philippus führte Nathanael zu Jesus, und bei ihm erlebte er die größte Überraschung seines Lebens. „Siehe, ein rechter Israelit, in dem kein Falsch ist", so wurde er begrüßt, und er fragte erstaunt: „Woher kennst du mich?" Die Antwort, die Jesus ihm gab, brachte die Wende seines Lebens: „Bevor Philippus dich rief, als du unter dem Feigenbaum warst, sah ich dich." Vielleicht war es eine

Stunde der Verzweiflung oder die des Gebetes gewesen? Und Jesus wusste schon da von ihm und kannte ihn durch und durch. In dieser Sekunde wurde Nathanael zu einem an Jesus glaubenden Menschen. Er traf den „Offenbarer", der sein Herz kannte und ihn ganz persönlich ehrte und liebte. „Du bist Gottes Sohn", so bekannte sich der redliche Skeptiker Nathanael nun zu Jesus, das war die Wende seines Lebens (Nachzulesen in Johannes 1,43–49.)

Der christliche Glaube ist eine Beziehungsgeschichte. Er besteht nicht aus dem Wissen verschiedener Wahrheiten, aus Katechismussätzen, frommen Vokabeln und moralischen Richtigkeiten. Der christliche Glaube ist stets der „Glaube an …". „Ich glaube an Gott", so beginnt das apostolische Glaubensbekenntnis der Weltchristenheit. „Und an Jesus Christus", heißt es ein paar Sätze weiter. Es ist wie bei der Liebe zwischen zwei Menschen. Er liebt sie und lässt es sie durch Gesten und Zeichen und Worte immer mehr spüren. Nun merkt sie es und spürt, dass sie seine Gefühle versteht und sie erwidern kann. Und dann geschieht es ganz plötzlich, sie schauen sich in die Augen und umarmen sich, und die Geschichte ihrer Liebe beginnt. Vielleicht für ein ganzes Leben – es sei ihnen gewünscht. Wie die Liebe ist also auch der Glaube eine ganz persönliche Beziehungsgeschichte. Nicht umsonst wird in der ganzen Bibel immer wieder das Bild der Liebe zwischen zwei Menschen als Symbol für den Glauben an den lebendigen Gott gebraucht. Eigentlich ist ja die Erfahrung des christlichen Glaubens eine große Liebesgeschichte zwischen Gott und uns und sogar zwischen uns und Gott. „Lasset uns lieben, denn er hat uns zuerst geliebt." – So steht es im ersten Johannesbrief im Neuen Testament (1. Johannes 4,19).

Schwein gehabt

Schicksal

Schwein gehabt, sagt jemand, wenn es gerade noch gut ging, Schicksal sagt er, wenn es daneben ging. So sitzt der Mensch sozusagen zwischen Schwein und Schicksal. Offen gesagt, das ist keine besonders komfortable Sitzgelegenheit. Doch unzählige Menschen, auch im christlichen Kulturkreis, denken so und verhalten sich so. Flott fällt das Wort aus dem Munde: Schicksal. Wie es bei einem älteren Herrn meiner Bekanntschaft mit dem Stiftzahn war.

Was ist eigentlich Schicksal? Ursprünglich kam es von schicken, geschickt werden, doch diese Herkunft ist längst dem nihilistischen Ton gewichen. Das Schicksal mag ich nicht sagen, weil es damit fast einen Personcharakter bekommt und einen Namen. Es ist heute offenbar irgendein unbestimmtes Etwas, das wie ein geruchloses Gas im Raume schwebt. Es hat jedoch durchaus eine uralte Tradition, nämlich im Götterglauben Ägyptens, Babyloniens, im Iran und später etwas nobler bei den Griechen. Es hieß nicht Schicksal, doch hatten verschiedene Götter jeweils die Aufgabe, die heute dem Schicksal zugedacht ist. Sie bestimmten aus dem Hintergrund die Geschicke der Menschen und wurden mit Opfern, früh auch mit Menschenopfern, bedient und bestochen. Dass sie der Sippe oder einem Menschen doch ja gütig sein möchten.

Das ist in Europa vorbei, doch ein gewisser „Schicksalsglaube" schwebt immer noch in der Luft und in den Tiefen des Menschen. Den Wagen gegen die Garagenwand geknallt – Schicksal. Im Lotto nur um eine Zahl verloren – Schicksal. Die Prüfung geschmissen – Schicksal. Die Ehe gescheitert – Schicksal. So spart man sich redliche

Erklärungen und in vielen Fällen auch Klärungen in sich selbst.

Offen gesagt, ein typisches, leicht zu hantierendes Fluchtwort, eine kostenlose Entschuldigung auch für eigene Dummheiten und Fehler. Oder etwas tiefer angesetzt, der bewusste Entschluss, sich seelisch und gedanklich nicht den Herausforderungen des Lebens auszusetzen. Die Absetzbewegung aus dem selbst verantworteten und nun misslungenen Lebenssinn. Ja, es gibt schwere Erfahrungen mit Unglücken, Katastrophen, Krankheiten und unerklärbarem Leiden. Dennoch sollte der bewusst lebende Mensch sie nicht einfach unter den Teppich kehren, auf dem dunklen Dachboden verstauen, sondern sich ihnen stellen, auch wenn es noch so schwer ist. Es kann schier blutige Tränen geben vor Leid und Verzweiflungen, doch die Flucht in den Dämon Schicksal wird nicht helfen. Nur die Flucht zu dem einen lebendigen Gott. „Lebendiger Gott", sagt die Bibel jeweils in Distanz zu den selbst gemachten Göttern der Menschen.

Gottvertrauen

„Gottvertrauen" hat eine völlig andere Qualität. Gott [oder: Gott zu vertrauen] vertrauen bewegt sich in einer anderen Dimension. Ich habe dieses „Gottes-Wort" aus dem Mund von Menschen gehört, bei denen ich es nicht erwartete. Es war bei der Verleihung des Friedenspreises des deutschen Buchhandels an den Philosophen Jürgen Habermas und als ein Journalist den damaligen Außenminister Joschka Fischer vor der Kamera fragte, wie er es denn aushielte mit den ständig neu aufbrechenden Kriegen. Fischer dachte kurz nach und sagte leise: „Es gibt ein uraltes Wort, das heißt Gottvertrauen." Er sagte nicht Schicksal. Bemerkenswert.

Für den Christen bedeutet es: Ich habe mein Leben von Gott als Geschenk erhalten, doch stets auch als Aufgabe. Ich bin keine Puppe im Puppenspiel, die von oben an Bändern gezogen wird, sondern ein lebendiger Mensch, der an der Gestaltung seines Lebens voll beteiligt ist. Der Christ ist ein Mensch für andere. Er soll auch zu seinem eigenen Glück fröhlich leben, doch möchte er die insgesamt kurze Lebenszeit auf dieser Erde so nutzen, dass es „sich lohnt". Nicht unbedingt kommerziell, wohl aber existenziell. Also bewusst dankbar, bewusst fröhlich, bewusst liebevoll, hilfsbereit und den Glauben an Christus bezeugend und Christus in sich Gestalt werden zu lassen. So wächst ein tiefes Gottvertrauen in ihm heran.

Die schweren Erfahrungen sind oft nicht erklärbar, auch die Not von geliebten Menschen nicht, doch im Vertrauen auf Gott, den wir durch Jesus kennen, halten wir uns daran, dass „nichts uns trennen kann von der Liebe Gottes, die in Christus Jesus ist, unserm Herrn". So hat es der Apostel Paulus in dem großen Lied des Glaubens am Ende des 8. Kapitels im Römerbrief geschrieben. Ja, das ist leicht gesagt, doch im Ernstfall schwer zu leben. Sehr schwer. „Das ist das Ende", sagte jemand zu Dietrich Bonhoeffer, als er zum Galgen geführt wurde. Er aber sagte: „Für mich ist es der Anfang." Das war Gottvertrauen pur. Seine Hinrichtung war ihm nicht Schicksal, sondern der Heimweg zu Gott.

Ich werfe das Wort Schicksal weg wie einen rostigen Eimer ohne Boden. Und ich ergreife das Wort Gottvertrauen wie ein starkes Seil, das mich hält, doch auch wie eine Matte, auf der ich ruhen kann. Ich kenne sehr viele Menschen, junge und ältere, die ihr Leben Gott anvertraut haben, als sie durch das Jesus-Christus-Evangelium entdeckten, dass Gott, der Vater, Jesu Christi ist und durch ihn auch unser Vater.

sehen und erfahren

„Gott wohnt, wo man ihn einlässt"

Advent – schon wieder ein Kirchenfest, das viele liebe Leute nur noch von ferne kennen? Das ist kein Vorwurf, nicht jeder ist Insider. Da kann Information helfen. Mindestens für die kulturelle Bildung, doch viel interessanter wäre es, wenn jemand ein zukunftsorientierter Mensch würde, der von Gott Neues für sein Leben erwartet. Darum geht es im Advent.

Advent kommt sprachlich von dem lateinischen „adventus", was Ankunft bedeutet. Vor dem Weihnachtsfest, besser vor dem Fest Christi Geburt, kommen zuerst die vier Advent-Sonntage ins Land. Gott will bei uns ankommen mit seiner guten Nachricht. So haben es die Propheten Israels ausgerufen: Der Messias kommt, stellt euch ein auf seinen Advent. „Machet die Tore weit und die Türen hoch in der Welt, dass der König der Ehren einziehe" (Psalm 24,7). Immer wieder das Bild der Tore und Türen in der Bibel, wenn es um das Kommen Gottes zu uns geht.

So geht es in der Christenheit weiter: Gott ist in der Geburt seines Jesus in der Welt angekommen, doch leben wir immer noch im Advent. Gott ist immer neu in Bewegung auf uns zu. Er will aktuell und ganz konkret bei uns ankommen. In den Gemeinden aller Kirchen wie auch ganz persönlich bei uns. In jedem Jahr kommen weltweit ungezählte Menschen zum Glauben an Christus. Junge Menschen, doch auch alt und grau gewordene Männer und Frauen.

Für den Beginn des Glaubens steht immer die Tür weit offen. Ein Glaubensbeginn ist der absolute Feiertag eines Lebens. Doch gibt es auch Erneuerungen des Glaubens. Mitten im Glauben merken wir, dass uns die Luft ausgeht. Wir beten um den heiligen Geist, der auf Griechisch

41

„pneuma" heißt, Atem, Hauch, Wind. Wir bekommen neue Luft für den Weg. Nicht nur für die Lunge, sondern vor allem für das Herz und den Verstand. Damit wir über Berge steigen können. Auch das ist Advent.

Gott mag nicht ohne uns Gott sein. Er hat uns auf sich hin erschaffen. Es ist der Lebensentwurf Gottes für uns, dass er zu uns und wir zu ihm kommen. Darum sein Kommen in die Tiefe der Menschheit und die Tiefe unseres Lebens. Darum die Selbstvorstellung Gottes in dem Kind Jesus, das im Stall geboren wurde. Keine Romantik, alles andere als das, von Anfang an ganz unten und von Verfolgung und Tod bedroht. Das ist Gottes Liebe pur. Krippe und Kreuz gehören zusammen.

Ein seltsamer Gott? Reichlich unreligiös? Ja, das ist er, immer überraschend, stets anders als erwartet, nicht konform mit den religiösen Voraussetzungen und Erwartungen, die in der Menschheit und in uns leben. Gott sei Dank, dass Gott so ist. Das ist unsere Rettung. „Gott sei Dank gibt es nicht, was sich 60 bis 80 Prozent der Zeitgenossen unter Gott vorstellen", schrieb der katholische Theologe Karl Rahner.[4]

An den vier Adventssonntagen bereiten sich die Glaubenden auf das Fest der Ankunft Gottes durch Jesus vor. Das wird wie alle Jahre wieder ein schönes Fest. Wer wollte die Ankunft Gottes durch Jesus nicht feiern? Dieses Fest hat stets offene Türen, wird nicht von einer geschlossenen Gesellschaft gefeiert. Gehen Sie doch mal wieder in einen Gottesdienst. Die Gottesdienste werden sogar in der Tageszeitung angekündigt.

Unser Gott ist noch ständig unterwegs, er will bei uns einkehren. Jeden Tag und immer wieder. Christen glauben nicht an einen Gott, der wie ein verrostetes Denkmal im All herumsteht. Sie rechnen mit dem Unterwegs-Gott, dem

Sucher-Gott, der bei uns ankommen will. Ob bei Christen oder Heiden, bei Religiösen oder Atheisten.

Als ich ein Glaubender wurde, war Gott bei mir angekommen. Dass er kam, war das Wunder, nicht, dass ich ihn einließ, doch wie sollte ich diesen Wunderbaren, den Einzigartigen vor der Tür stehen lassen können? Er überzeugte mich durch seine Liebe bis in die letzten Fasern meiner Seele. So vertraute ich ihm und er kehrte bei mir ein. Das war „der Advent" meines kleinen Lebens. Seither weiß ich, dass er kein Rächergott ist, kein finsterer Gott, wohl der heilige Gott, doch auch in seiner Heiligkeit und Verborgenheit ist er die Liebe. „Gott ist Liebe", so steht es im ersten Brief des Johannes. Er liebt nicht nur, sondern er ist Liebe pur.

Darum wirbt er um uns, klopft bei uns an, möchte in das Haus unseres Lebens kommen. „Siehe ich stehe vor der Tür und klopfe an. Wenn jemand meine Stimme hören wird und die Tür auftut, bei dem werde ich eingehen und das Abendmahl mit ihm halten und er mit mir." (Offenbarung 3,20). Das ist eines der bekannten Bibelworte zum Advent. Mahlgemeinschaft ist im Orient Ausdruck engster Verbundenheit.

„Gott wohnt, wo man ihn einlässt", heißt eine jüdische Weisheit, die auf Martin Buber zurückgeht. Ein tiefes Wort, das Mut zum Glauben macht. Gott donnert nicht mit einem Gewehrkolben gegen die Tür, er tritt sie nicht ein, wie man es in Krimis sehen kann. Er legt auch keine Sprengladung vor die Tür und öffnet sie so mit Donner und Feuer. Gott steht bittend vor der Tür, er lässt sich ganz tief herab. Gott wird wie ein Bettler, so sehr liebt er uns. Gott als Bettler vor der Tür.

Das ist der Gott der Christen, nein, der Gott aller Menschen. Schrecklich, wenn ein Mensch oder gleich eine ganze Gemeinde Gott vor der Tür stehen lässt. Er kann sich abwenden, und wir stecken auf ewig allein in unserer Lebenskiste. Ich mag mir keinen Menschen vorstellen, der sich so verhält. Gott will in uns und mit uns ein Fest feiern. Das Fest des Advents.

Das Weihnachtsgeschehen

„Es war einmal" – so fangen Märchen an. Niemand hält ein Märchen für eine wahre Geschichte. Schneewittchen hat natürlich nie gelebt und der böse Wolf auch nicht. Ein Märchen hat einen inneren Sinn, doch keine historische Realität. Ist das Christkind bei uns etwa zur Märchengestalt geworden? So würden wir das Weihnachtsfest wirklich ruinieren. Der Glaube eine Baby-Religion? Das Fest der Kinder? „Bald kommt das Chriskind und bringt dir etwas ganz Schönes." „Aber nur schön brav sein, liebes Kind."

„Es begab sich aber ..." – so beginnt die Geschichte von der Geburt Jesu (Lukas 2,1). Hier wird von einem Ereignis in Raum und Zeit berichtet. Von einem historischen Ereignis also, das eine absolute Bedeutung für die ganze Weltbevölkerung hat – bis heute. Das Christkind lebt, weil Christus lebt. Auch die Weihnachtsgeschichte will von Ostern, von der Auferstehung Jesu Christi her verstanden werden.

Die Revolution Gottes

Wenn mit Revolution eine tiefgreifende Veränderung bestehender Verhältnisse gemeint ist, dann ist die Geburt Jesu im Stall zu Bethlehem der Beginn einer wunderbaren und friedlichen Revolution, die im Laufe der zwei Jahrtausende ungezählte Menschen erreicht und verwandelt hat. Sie ist immer noch unterwegs, diese Revolution.

„Reich Gottes" hat sie der Prediger Jesus auf den Straßen und Plätzen genannt. „Kehrt um und folgt mir nach; das Reich Gottes ist angekommen." Gott holt sich seine Welt zurück. Es ist kein Reich von dieser Welt, doch kein Reich dieser Welt bleibt von der Wirkungsmacht dieses

Reiches ausgeschlossen. Es geht uns alle an, Sie und mich und alle Menschen auf dem Globus Erde.

Es gibt eine „Revolution der Herzen" (Johann Baptist Metz), von der politische Revolutionäre aller Zeiten nur träumen konnten. Eine Existenzverwandlung im Denken, Fühlen und Handeln aller, die von diesem Ereignis erfasst wurden. Im Neuen Testament heißt diese Revolution Umkehr und Glaube.

Doch was geschah damals?

Kaiser Augustus, der große Imperator, der sein Weltreich mit Gesetzen und Verfügungen regierte, die er in Rom beschloss und durch seine Truppen, Gouverneure und Beamten vollziehen ließ, rief eine Volkszählung aus, um alle Bewohner der Länder seines Imperiums zu erfassen und steuerlich zu veranschlagen. Rom wollte Geld, Kaiser Augustus brauchte viel Geld, stets und ständig. Harte Zeiten vor allem für die Armen. Der wachsende Reichtum der Reichen – die Kurve der Armut der Armen geht jedoch nach unten. Ob wir es mögen oder nicht, Weihnachten hat mit der wirklichen Welt zu tun. Es geht nicht nur um „O Tannenbaum, o Tannenbaum, wie grün sind deine Blätter".

Eine Volkszählung und ihre Folgen

Quirinius war damals Gouverneur des Kaisers für Palästina. Er rief die „Familienvorstände" auf, in ihrem Heimatort vor den Zensor zu treten, der die Registrierung vornahm. So kam Josef mit seiner schwangeren Frau Maria aus seinem Wohnort Nazareth in den Ort Bethlehem. Dort bekam Maria die Wehen und brachte das Kind Jesus auf die Welt. Natürlich nicht in der Geburtsstation des Krankenhauses zu Bethlehem, sondern in einem Viehstall. Die Karawanserei (Raststätte) war wegen der Volkszählung überfüllt, doch freundliche Menschen gaben ihnen einen Platz in einem Stall. Damals durchaus üblich, wenn zu viele Gäste vor der Tür standen. Man richtete eine Ecke im Stall für die Gäste ein, natürlich war es ein Armenquartier, aber keine Katastrophe.

47

Die fromme Tradition hat hier ein Rankenwerk von Romantik und Sentimentalität drangehängt, womit die eigentliche Botschaft der Weihnachtsgeschichte eher übermalt wurde. So wurde Weihnachten viel zu sehr zu einem bürgerlichen Wohlfühlfest und natürlich zu einem riesigen Geschäft. Keinem Geschäftsmann sei der Erfolg missgönnt, doch wie schade, wenn der eigentliche Sinn des Festes nur noch die hübsche Verpackung ist, die bereits drei Tage nach dem Fest entsorgt wird.

Ein Akt der römischen Steuerpolitik, die Geburt eines Kindes, ein Notquartier, das ist alles total normal und auch heute noch gut bekannt, auch im eigenen Land. Was aber macht Weihnachten zum großen Fest der Christenheit und für alle Menschen, die sich für diese Nachricht geöffnet haben und nun von ganzem Herzen die wunderbaren Weihnachtschoräle in den Weihnachtsgottesdiensten mitsingen? Jeder kann jederzeit einsteigen in dieses frohe Ereignis.

Die Liebe zeigt ihre Macht

Gott ist Mensch geworden. In der Gestalt des Kindes Jesus. Gott in Windeln? Ja, er ist ganz klein und zart und hautnah zu uns gekommen. Von ganz oben nach ganz unten. Der heruntergekommene Gott, das ist der Inhalt der Engelbotschaft, wie sie der Evangelist Lukas berichtet:

„Fürchtet euch nicht! Denn siehe, ich verkündige euch große Freude, die allem Volk widerfahren wird, denn euch ist heute der Heiland geboren, welcher ist Christus, der Herr, in der Stadt Davids."

48

Nun endlich kommt es laut und unüberhörbar heraus, was im Stall in Bethlehem geschehen ist. Für jene Zeit stecken starke Worte in dieser Botschaft, sie sind durchaus politisch. „Weltpolitisch", könnte man sagen, universal und global. Der in Tücher gewickelte Jesus – Pampers gab es noch nicht – wird in der Weihnachtsbotschaft „Heiland" und „Herr" genannt. Beides waren in der griechischen Sprache Titel, die Kaiser Augustus für sich in Anspruch nahm und mit denen er sich feiern und sogar göttlich verehren ließ. Ein Baby namens Jesus tritt in Konkurrenz zum Weltherrscher Augustus in Rom. Wer hier genau hinhört, mag eine Ahnung von der „Macht der Liebe" bekommen, die sich in Jesus zeigt.

Die ersten Zeugen: Außenseiter

Die Hirten, diese harten Kerle, waren im Licht des Engels und seiner Worte vor Schreck zu Boden gestürzt. Aber dann standen sie wieder auf, hatten große Freude in ihren Herzen und rannten, um die gute Nachricht weiterzusagen. Maria und Josef erfuhren erst durch die Hirten, was bei ihnen im Stall geschehen war.

Wieder einmal typisch für das christliche Evangelium. Die Hirten hatten kein juristisches Recht, als Zeugen vor einem Gericht aufzutreten, so verachtet waren sie. Und gerade diese religiös und gesellschaftlich verachteten Männer werden die ersten Zeugen der Geburt des Gottessohnes. So wie es die Frauen zu Ostern waren; auch sie hatten kein

Zeugenrecht vor Gericht. Und sie wurden zu den ersten Evangelistinnen der Osterbotschaft.

Eine Skandalreligion?

Der Glaube der Christen ist schon eine verrückte „Religion", wenn es überhaupt eine ist. Vielleicht das Christentum in seiner geschichtlich gewordenen Form, doch nicht der Glaube an Jesus, den Christus Gottes. Der passt nicht in die Kategorie „Religion", er überwindet die Grenzen der Religionen. In Rom wurden die Christen zu gewissen Zeiten angeklagt, weil sie keine solide Religion hatten, denn wer kann es für religiös vernünftig halten, dass Gott sich in einem Kind bekannt macht, dem so große Titel zugeeignet sind, und sich uns in der Gestalt eines Gekreuzigten bekannt macht. Wer zu dieser Skandalreligion gehörte, wurde verachtet und oft zum Tode verurteilt. „Krippe und Kreuz sind aus demselben Holz geschnitzt", gut gesagt, so hörte man es schon oft.

Eine Friedensbotschaft

Nun erst haben Maria und Josef erfahren, was da abgelaufen war über den Hirten und den Herden auf den Feldern von Bethlehem. Das ist etwas völlig anderes als die Christkind–Romantik der deutschen Weihnacht. Das ist total anders als der Kassenknaller Weihnachtsgeschäft. „Süßer die (Kassen-)Glocken nie klingen als in der Weihnachtszeit."

Jedem sei alles Schöne und seelisch Erfreuliche der Weihnachtszeit gegönnt. Vor allem auch den Kindern. Doch die Botschaft ist wichtig, die begeisternd schöne Wahrheit von der Liebe Gottes zu allen Menschen und dem Frieden, den Gott uns schenkt. Friede mit Gott ganz persönlich. Der Friede Gottes zwischen den Menschen. Der

Friede, der Menschen zu Friedensmenschen macht. „Selig sind die Frieden stiften, denn sie werden Kinder Gottes heißen." Das sagt der Mann Jesus später in der Bergpredigt. Diese Botschaft darf doch nicht verramscht werden.

Das Christkind lebt. Das Christuskind ist unter uns. Nicht nur auf dem Plakat, nicht nur in den Liedern. Er lebt wirklich – Jesus Christus, der Herr (Kyrios). Das Christuskind lebt. Mit dem vollen Inhalt des Evangeliums, wie es jeder im Evangelium lesen kann.

Die Summe heißt Jesus Christus.

Es gibt die Weihnachtsgeschichte, die uns erzählt, dass Gott Mensch geworden ist und durch Jesus ganz tief nach unten zu uns kam. Wer nach Gott fragt, sehe sich Jesus an, wie er in den Geschichten der vier Evangelien – Matthäus, Markus, Lukas, Johannes – verkündigt wird.

Jesus Christus lebt

So wird das Weihnachtsfest richtig rund und voll. Jetzt kann ein Mensch seine Freude über Gottes Liebe ausleben. Nun werden die Weihnachtslieder in den Kirchen und Häusern klingen. Und jedes Geschenk, das wir uns machen, ist ein kleines Zeichen des riesigen Geschenks Gottes an uns.

Das Christkind lebt.[5]

Frohe Weihnachten!

Die Whisky-Predigt

Hören wir, was wir hören?

Eine dumme Frage? Keinesfalls! Wir stecken in einer geistigen Falle, wenn wir hier naiv sind. Die Kommunikation, also das Empfangen und Weitergeben von Informationen, ist ein kompliziertes Geschehen. Das gilt für alle Bereiche des Lebens, bei denen Nachrichten ausgetauscht werden. Die Worte eines Redners kommen kaum „eins zu eins" bei seinen Hörern an. Das muss der „Sender" bedenken, wenn er sich an „Empfänger" wendet. Mancher Politiker wäre erschrocken, wüsste er, was seine Zuhörer wirklich gehört haben. Beim Verstehen läuft ein geistiger und psychischer Prozess ab, der gefährlich sein kann.

Dazu passt, was mir ein englischer Freund erzählte. Ein noch junger Pfarrer in einer schottischen Kirchengemeinde war enttäuscht über die geringe Wirkung seiner Predigten. Kaum saßen die Männer in der Bank, hingen ihre Köpfe bereits schief nach vorne runter. Auch die Gesichter der Frauen sahen im Gottesdienst immer wehmütig wie bei einer Trauerfeier aus. Als er einen alten Mann nach den Gründen fragte, sagte dieser: „Der Whisky, Herr Pfarrer, das ist der Teufel in der Gemeinde, der Whisky." So entschloss sich der Geistliche zu einem Generalangriff und machte den „Teufel Alkohol" zum Thema seiner nächsten Sonntagspredigt. Er bestieg die Kanzel mit der Bibel und zwei durchsichtigen Wassergläsern, die er neben sich auf der Kanzelbrüstung abstellte. Nach der Verlesung eines passenden Bibelwortes, legte er die kritische Botschaft aus, und dann kam der Beweis. Er zog einen langen Regenwurm aus seiner Talartasche hervor, schwenkte ihn sichtbar vor der Gemeinde hin und her – darauf ließ er den

Wurm in das erste Glas hinab. „Seht, sagte er, der Wurm freut sich." Dann tat er den Wurm in das zweite Glas. Wie schrecklich! Der Wurm krümmte und krümmte sich, wurde starr und starb vor den Augen der Gemeinde, selbst die Männer waren nun wach. „Warum ist der Wurm gestorben?", fragte der Pfarrer und gab die Antwort selbst: „Es ist Whisky im Glas, es ist ein tödliches Gift." Darauf fragte er die Gemeinde direkt: „Und was lernen wir daraus?" Ein Junge meldete sich und rief laut durch die Kirche: „Whisky ist gut gegen Würmer." Da fiel dem Pfarrer die Kinnlade runter. Die Antwort gab ein Kind, doch dieses Kind kann auch erwachsen sein.

So ist es mit dem „selektiven Hören", man filtert heraus, was man nicht hören möchte und schneidet sich die angenehmen Worte zurecht. Ich arbeite wie ein Cutter, der den Film nach Anweisung des Regisseurs auf Länge und Inhalt „schneidet" und entziehe mich auf diese raffinierte Weise der Wahrheit. Jeder kennt es, auch wenn wir es nicht gerne zugeben. Es geht nicht um Dummheit, es geht um Raffinesse. So werden wir zum Regisseur und Cutter unseres eigenen Lebens. Im Alltag mag es ja noch ohne eine Katastrophe ausgehen, obwohl auf diese Weise arrogante und unehrliche Charaktere entstehen. Doch geht es in einem Menschenleben um mehr. Wer Gott total ausblendet und rausschneidet aus seinen Gedanken und Entscheidungen, der steht eines unmessbaren, doch vielleicht nahen Tages vor Gottes Gericht absolut dumm da.

„Adam, Eva, wo bist du?" Das Urwort Gottes (1. Mose 3,9) an uns Menschen. Die Urgeschichte ist ständig Gegenwart. Adam und Eva sind wir – heute. Es ist kein Drohwort, es ist ein „Frohwort".

Gott mag ohne uns nicht Gott sein. Seine Existenz ist nicht abhängig von unserer Reaktion, doch Gott sucht und lockt und ruft uns durch sein Wort. Darum hat Jesus seine Such- und Findegleichnisse erzählt, wie das vom Schaf, das irgendwo hängen geblieben ist. Der Hirte hat 100 Schafe, jetzt nur noch 99 an der Zahl. Er lässt die 99 Schafe zurück, um das eine zu suchen, und nachdem er es gefunden hat, bricht aus ihm die Freude hervor: „Freut euch mit mir..." So ist Gott, will Jesus sagen, so unvernünftig liebevoll um uns besorgt.

Der Vermittler dieser guten Nachricht ist der Geist mit dem Namen Jesus. Diese Wahrheit zu hören, sie nicht zu verdrängen und aus seinem Leben zu cutten, sondern sich freuen, das ist der christliche Glaube, der froh macht. Wer bei Gott angekommen ist, der kommt auch zu sich selbst und auf ganz neue Weise zum Leben.

Adam, Mensch, wo bist du?

Abenteuer Glaube

Als ich kürzlich die Buchhändlerin bat, für mich unter dem Stichwort Abenteuer in ihrem Computerkatalog nachzuschauen, sah ich als Erstes „Abenteuer Mathematik" und als Zweites „Abenteuer Steuerberatung" – und war bedient. Beides habe ich noch nie gekonnt. Doch wie kann man im Ernst die beiden Phänomene Abenteuer und Glaube miteinander verbinden? Der Glaube ist doch eine stille und in sich ruhende Lebensweise. Und ein Abenteuer ist alles andere als Stille und Besinnlichkeit.

So kann man sich täuschen! Vorweg schon mal die Feststellung, dass ein Menschenleben voller Abenteuer steckt, die ich hier nicht endlos aufzählen muss. Nur eines muss wohl gesagt werden, weil es grundlegend für alles ist, was dann kommt.

Das Abenteuer Leben beginnt mit unserer Geburt. Da muss ein kleines Menschlein durch den engen Geburtskanal der Mutter hinaus ans Licht der Welt. Für uns war es ein unwiederholbares Abenteuer. Die Mutter erlebt dieses Abenteuer vielleicht mehrfach und hoffentlich gesund. Unser erster Schrei hieß übersetzt: „Hallo, jetzt bin ich da." Das war unser Geburtstag, den wir ein Leben lang jedes Jahr feiern.

Abenteuer im vollen Sinn des Wortes heißt: Ich lasse mich auf etwas ein, was ich noch nicht kenne. Abenteuer heißt, etwas Tapferes wagen. Solche Abenteurer gibt es auf den verschiedensten Gebieten. So etwa jene „Einhandsegler", die ihr Boot ganz allein über Meere steuern. Kürzlich war es eine junge Frau. Ich habe sie bewundert. Eine tolle Frau! Sie war ganz allein auf dem Meer und kam an.

Oder ich denke an jenen Mann, der sich von einem Helikopter irgendwo am Amazonas im riesigen Dschungel ganz allein absetzen ließ und für längere Zeit als verschollen galt. Doch nach Monaten war er wieder da. Er kam wieder aus dem Urwald heraus.

In der Bibel gibt es die Gestalt des Abraham, der „Vater des Glaubens" heißt. Er wohnte in Ur in Chaldäa, dem heutigen Irak. Gott rief ihn „in ein Land, das ich dir zeigen will" (1. Mose 12,1), und er verließ alles, was sein Leben bisher bestimmte. Seine Familie, seine Weidegründe, sein geordnetes Leben und machte sich auf den langen Weg. Von Station zu Station. Ohne Landkarte und Kompass. Er hatte nur das Wort seines Gottes – wie auch immer ihn das konkret erreicht haben mag – und zog weiter, immer weiter. Bis nach Kanaan, dem heutigen Gebiet von Israel. Er war ein von Gott berufener „Abenteurer des Glaubens". Der Prototyp des Glaubens, so sieht die Bibel ihn.

Es war vor 2000 Jahren. Am Ufer des Sees waren einige Fischer damit beschäftigt, ihre Netze zu säubern und zu reparieren. Plötzlich stand ein Mann vor ihnen, den sie schon einmal von ferne gesehen hatten oder auch nicht. Er sagte nicht: „Entschuldigen Sie, meine Herren, dass ich Sie bei Ihrer Arbeit störe, doch würde ich mich gerne einmal mit Ihnen über Gott und unsere Religion unterhalten."

Er stand da und sagte: „Folgt mir nach; ich will euch zu Menschenfischern machen!" (Matthäus 4,18-22). Und sie verließen alles, ihre Netze, ihren Vater, ihr Boot und folgten ihm nach. Jesus führte sie auf eine ganz neue Spur, Nachfolge genannt. Das ist eine das ganze Leben umfassende Orientierung an Jesus und seinem Evangelium.

So begann das Abenteuer des Glaubens für die ersten Jünger.

Bis heute leben Christen in dieser Spur. Nein, der Glaube ist keine gemütliche Lebensform. Jesus wird alle, die seine Provokation zum Glauben erfahren, herausholen aus dem

Üblichen und herumholen, hereinholen ins „Reich Gottes",
in eine ganz neue Beziehung zu Gott.

Das ist die Umwertung aller Werte, die totale Veränderung des ganzen Lebens. „Christentum ist eine Existenzmitteilung", hat Sören Kierkegaard gesagt. Ihr geht eine Existenzverwandlung voran. Das ist dem Kopenhagener Philosophen absolut wichtig und unverzichtbar. Von der Mitte her dringt der heilige Geist in alle Bereiche unseres Lebens ein, nichts bleibt da ausgespart. Doch so wird das Leben interessant. Die Langeweile der gewohnten Abläufe wird beendet. Wir werden nicht frei sein von Niederlagen und Bauchlandungen, doch Gott stellt uns durch Vergebung und Ermutigungen wieder auf die Füße, und der Weg geht weiter. Und wir werden hellwache Menschen. Erdenbewohner mit Horizont. Keine Trantüten, die nicht über den Tellerrand sehen. „In ein Land, das ich dir zeigen will...." Das Christenleben ist ein Unterwegssein, ein ständiges Aufbrechen, ein Abenteuer, weil es in der Tiefe immer abhängig bleibt vom Zuspruch und Anspruch Gottes. Der Glaube an Christus ist ganz persönlich, doch nie privat. Wir sind für andere da. Jesus geht voran – wir folgen ihm.

Aufbruchstimmung breitet sich aus. Was liegt hinter dem Horizont? Wir machen uns auf den Weg. „In der Spur bleiben", nannte Johannes Rau den Glauben. „Er ist auf dem Weg", sagten die frühen Christen, wenn einer in die Nachfolge Jesu kam. So wird aus dem Kopfglauben ein dynamisches Unterwegssein. Komm doch mit!

Die Zahl vor den Nullen

Da kam jemand zu mir und erklärte mit traurigen Augen: „Ich bin eine Null, eine totale Null." Und dann schüttete er das ganze Fass aus: „Niemand mag mich. Ich mag mich auch selbst nicht. In der Schule hatte ich immer schlechte Zeugnisse. Auch in der Liebe klappt bei mir nichts. Warum gibt es mich überhaupt?"

Der junge Mann litt unter dem totalen Verlust seines Selbstwertgefühls. Er ist damit nicht der Einzige. Viele schleppen solche Stimmungen mit sich herum. Und wenn es doch nur Stimmungen wären! Es sind ja längst Eigenschaften der Persönlichkeit geworden. So etwas wie ein negatives Virus im gesamten Seelenleben. Das kennen nicht nur Kümmerlinge, die sich überall am Rande fühlen. Solche Leute stecken auch hinter der FAZ und der Süddeutschen. Sie sitzen in Büros, in den Redaktionen, in großen Autos, auch auf dem Trecker und dem Fahrrad. Denn das mangelnde Selbstwertgefühl tritt auf ganz unterschiedliche Weise auf. Nicht selten auch in Form von Arroganz und Geringschätzung anderer.

Was ist denn mit den Nullen? Auch sechs Nullen ergeben nur eine Null: 000000. Und wenn man hinter die erste Null ein Komma setzt, wird es nicht besser, es bleibt alles eine Null: 0,00000. Wenn jedoch eine Zahl vor die Nullen kommt, wird alles schlagartig anders, dann wird rasch eine Million daraus: 1 000 000 Euro. Oder eine noch viel höhere Zahl. Alles liegt also an der Zahl vor den Nullen.

So viel aus dem Schatz meiner mathematischen Kenntnisse. Ich selbst war in Mathe stets eine Null. Johannes Baptist Kerner, allen aus dem ZDF bekannt, sagte einmal, er habe in Mathematik immer eine Sechs minus gehabt. Ein Leidensgenosse. Das hat mich getröstet.

Ich behaupte, dass der Reichtum eines Lebens dramatisch steigt, ja überhaupt erst entsteht, wenn ein Name
vor den Buchstaben der Existenz und damit der Biogra-
phie eines Menschen steht. Kein Geheimcode, sondern
ein Name, der allen bekannt werden will und kann: Jesus
Christus, in dem sich uns Gott bekannt gemacht hat.

Ich setze im Glauben den Namen Jesus vor meinen
Namen Johannes. Dann wird aus diesem „Madensack"
(so Luther über sich selbst) ein unsagbar beschenkter
Mensch, der sich einfach freuen muss. Muss! Denn anders wäre er ein undankbarer Tropf. Ein armer Mann,
eine arme Frau. Selbst mit einem dicken Bankkonto. Jeder Mensch ist einen Christus wert. So wertvoll bist du
bei Gott.

Das ist die Basis für ein ganz neues „Lebenswertge-
fühl". Der vorher total verzagte Mensch wird nicht ab
sofort anstatt Fünfen nur noch Zweien in Mathematik
schreiben. Doch es ist eine neue Basis da, auf der er sich
entfalten kann. Wenn er sich zu dick fühlt, wird er vielleicht eine Kampfdiät schaffen. Wenn sie sich zu dünn
fühlt, wird sie sich beim Arzt beraten lassen. Und wenn
sie froh sind, die beiden, werden sie es einander sagen.
Vielleicht verlieben sie sich sogar. Und der junge Mann
vom Anfang mag sich endlich auch selbst. Er beginnt
sogar zu beten. „Ich danke dir, mein Gott, dass du mich
gemacht hast und mich sogar liebst."

„In keinem andern ist das Heil, auch ist kein andrer
Name unter dem Himmel den Menschen gegeben, durch
den wir sollen selig (gerettet, befreit) werden" (Apostel-
geschichte 4,12).

Das ist er, der Name, der vor den Nullen unseres Lebens stehen will. Nein, kein Absolutheitsanspruch des
Christentums. Doch das absolute Angebot Gottes an alle

Menschen. Mit diesem Namen über allen Namen. Übrigens hat er es kapiert, der junge Mann, der sich damals als Null fühlte.

Glauben ist wie schwimmen lernen...

Mike will endlich schwimmen lernen. Es ist ihm schon lange peinlich, denn er ist bereits 15 Jahre alt und kann immer noch nicht schwimmen. Dauernd hat er sich durchgeschwindelt, wenn im Sport Schwimmen dran war und wenn seine Freunde ihn ins Schwimmbad mitnehmen sollten. So geht er nun in eine Buchhandlung und kauft sich – es ist ihm echt peinlich – ein kleines Büchlein über das Schwimmen, sozusagen ein Lehrbuch für Schwimmanfänger. In diesem Buch gibt es auch schöne Bilder, Grafiken über die Haltungen beim Brustschwimmen und Kraulen und Rückenschwimmen. Es gibt auch Fotos von attraktiven jungen Mädchen in seinem Lehrbuch, die gefallen ihm besonders. Knackige Girls, sagt er.

Mike liest eine Woche lang abends im Bett in diesem Buch, er studiert es sozusagen. Niemand darf es merken, auch die Mutter nicht. Manchmal wirft er sogar die Bettdecke auf den Boden und übt auf dem Bauch liegend das Brustschwimmen und auf dem etwas steifen Rücken das Rückenschwimmen. Nun aber ist es so weit. Er geht ins städtische Schwimmbad, zieht sich seine Badehose an und steht am Beckenrand. Aber er wagt es immer noch nicht. Dabei weiß er doch alles über das Schwimmen. Jedenfalls theoretisch. Er könnte einen guten Aufsatz über das Schwimmen schreiben. Er tut ganz cool, doch innerlich ist er nicht gut drauf. Alle im Becken können schwimmen, nur er nicht. Ach, da kommt die Jessika vorbei, sie ist schon lange sein heimlicher Schwarm. Er blinzelt ihr zu, da stößt ihm die Jessika ihren Zeigefinger ganz sanft in den Rücken und er stürzt kopfüber ins Wasser.

Nun muss er schwimmen, es geht nicht anders, denn er will doch nicht öffentlich ertrinken. Zuerst gurgelt er noch kräftig mit dem gut gechlorten Badewasser, würgt alles wieder raus, sein ganzer Körper zuckt und bebt, er erlebt schreckliche Sekunden. Doch plötzlich merkt Mike, dass er es kann. Er schwimmt die ersten Züge, es wird immer besser und besser, es sieht noch ein bisschen nach Frosch aus, aber er schafft es und erlebt eine Art Rausch der Freude: „Ich kann schwimmen."

61

So ist es auch mit dem Glauben. Glauben lerne ich nur durch glauben, lerne ich nur im Element des Glaubens. Ich lese das Evangelium, ich lasse mich von der Liebe Gottes infizieren, ich sage tief in meinem Herzen ein voll überlegtes Ja zu Jesus Christus. „Mein Herr", sage ich ab nun zu ihm. Ich mache mit in dem „Haus", das sich Gemeinde nennt. Da treffe ich Freundinnen und Freunde, die auch in der Spur des Glaubens sind. Wie gesagt, glauben lernt man nur durch glauben – so wie man schwimmen nur durch schwimmen lernt. Alles andere bleibt Theorie. Vielleicht ist dieses kleine Aufsätzchen wie Jessikas Finger bei Mike? Kann doch sein.

Die zweite Meile

Zur Zeit Jesu herrschte die römische Besatzungstruppe im Land. Abgesehen von den eingetriebenen Steuern beanspruchten sie auch noch Besatzerrechte, die Ärger bei den Juden erregten. Jeder römische Soldat konnte von einem Bürger des Landes willkürlich Hilfsdienste fordern. So konnte er verlangen, dass ein beliebiger Straßenpassant sein Gepäck eine Meile für ihn schleppte. Das war für die Bürger ein entwürdigender Akt. Auch wenn es nur eine Meile war, die rechtlich geregelt war. Aber für den Feind die Klamotten schleppen? Durch die Hauptstraße vor den Augen der eigenen Kinder und Nachbarn, das war doch wohl zu viel verlangt.

Doch nun sagt Jesus in der Bergpredigt: „Und wenn dich jemand zwingt, eine Meile mitzugehen, so gehe mit ihm zwei" (Matthäus 6,41). Das ist hart, mag mancher denken, doch es ist typisch für Jesus. Er radikalisiert die Liebe. In diesem Falle die Feindesliebe. Für ihn wird Feindschaft nicht durch Feindschaft überwunden, sondern durch eine gewaltlose Provokation der Liebe. Wie hier beim Schleppen des Tornisters. Die erste Meile ist ein militärisch angeordneter Rechtsvorgang, die zweite Meile ein Handeln in der Art Jesu.

Doch wo wird dieses Liebesgebot heute bei uns konkret? Die zweite Meile im Alltag der Bundesrepublik Deutschland? Wir leben in einem „Rechtsstaat", der die Würde des Menschen schützt. Doch der Alltag ist voll von Situationen, die für die Übersetzung des Wortes passend sind. Jeder kann sie entdecken. Wenn er sich etwas Mühe macht und sein Denken vom Geist Jesu Christi einstellen lässt.

Nur ein paar Hinweise, die vielleicht sensibel machen können für eigene Entscheidungen: Ein Kollege ist zum

Alkoholiker geworden – sich distanzieren wie andere im Büro, oder etwa nicht besser zu ihm stehen und für ihn einstehen? Es gibt schwierige Ehen, die wegen der psychischen Verfassung des Partners kaum durchzuhalten sind. Sich trennen, oder die schwere zweite Meile gehen? Als Lehrer mit einem Klassenrüpel in Geduld die zweite Meile gehen, um ihn durch die Krise hindurchzubegleiten? Den Hof fegen, auch wenn der Nachbar dran ist, der jedoch Probleme mit seinen Knien hat? Auch wenn er sich kaum einmal bedankt? Bei einem Examen den ängstlichen Studenten nicht durch Härte demütigen, sondern ihm auf die Sprünge helfen? Das hier sei ohne jeden zwanghaften Unterton gesagt. Jesus will freie Menschen, die sich durch seinen Geist inspirieren lassen zu einer intelligenten Liebe.

Die zweite Meile ist ja keinesfalls nur Verzicht. Ganz im Gegenteil enthält sie viele Chancen für ein gutes Zusammenleben und darin für die Auskunft über den Glauben. Wir kommen miteinander ins Gespräch. Die Motive werden geklärt. Nein, keine fromme Angeberei, die macht alles kaputt, doch können Christen ihren Glauben auch durch ganz einfaches Sich-Verhalten vermitteln. Gespräche entstehen dann wie nebenbei. Das kann sogar Kritiker, Skeptiker und Querulanten nachdenklich machen. Es können aus Feinden tatsächlich Freunde werden. Es steht nicht in der Zeitung, es wird still im Alltag erlebt.

Ich saß auf einem Flug nach Singapur zufällig neben dem Mönch eines katholischen Ordens, dessen Name mir entfallen ist. Er trug ein weißes Gewand. Wir kamen in ein gutes Gespräch. Die Mönche dieses Ordens arbeiteten in den Slums großer Städte. Also ganz vorne im Elend und im Dreck. Als ich ihn nach der Glaubensverkündigung fragte, sagte er: „Wir leben bei den Menschen und helfen ihnen. Über unseren Glauben reden wir erst, wenn sie uns fragen." „Was fragen sie?", fragte ich ihn. „Sie fragen: ‚Warum tut ihr das?', und dann reden wir."

hören und handeln

Was soll der Fisch am Auto?

Wer mit dem Auto auf deutschen Straßen unterwegs ist, wird ihn schon oft gesehen haben: den Fisch-Aufkleber auf manchem Wagen. Ist es eine Reklame für eine bekannte Fischfirma, die in vielen Städten ihre Filialen hat? Inzwischen hat sich wohl mindestens die Ahnung verbreitet, dass es dabei „um etwas Christliches" geht, wie jemand mir sagte. Ja, so ist es, doch es ist so viel mehr als irgendetwas „Christliches". Es ist ein sehr frühes Geheimzeichen für das Bekenntnis der Christen zu Jesus Christus. Sozusagen im Telegrammstil zusammengefasst und höchst modern in einem grafischen Signet – eben dem Fisch.

Ich stelle mir zwei junge Männer zu Beginn des 2. Jahrhunderts nach Christus vor, die auf einem Steinblock vor der Akropolis in Rom saßen und sich über das Leben und die Religionen unterhielten. Nicht nur so leichthin, sondern engagiert, denn mit dem Glauben gleich welcher Art hat sich zu allen Zeiten die Sinnfrage eng verbunden.

Rufus, ich nenne ihn mal so, war der eine, Urbanus der andere. Die beiden waren gute Freunde, die ehrlich miteinander reden konnten. So war es bei ihnen auch mit der Religion. Während sie dort in der warmen Abendsonne saßen, nahm Rufus einen kleinen spitzen Stein vom Boden und malte das Bild eines Fisches in den Sand. Urbanus fragte ihn: „Was willst du mir mit diesem Fisch sagen? Angelst du im Tiber?" Ganz ruhig, doch klar antwortete ihm Rufus: „Ich glaube an ihn." „Wie", fragte Urbanus, „an einen Fisch?" „Nein", sagte Rufus, „es ist unser Zeichen für Jesus Christus, ich bin ein Christ wie auch viele meiner Freunde." Und dann erzählte er ihm von Jesus und wie er ihn für sein Leben entdeckte.

Das Fischzeichen befand sich schon viele Jahre vor dem Zeichen des Kreuzes in den Katakomben unter der Stadt Rom, doch auch in anderen Städten des römischen Reiches. Es war eine Art Geheimcode, mit dem sich die Christen untereinander bekannt machten. Forscher fanden später heraus, dass es sich bei den Buchstaben des griechischen Namens für Fisch – Ichthys – um die Anfangsbuchstaben der Worte des urchristlichen Bekenntnisses handelte. „Jesus Christus, Gottes Sohn, Heiland." So also wurde der Fisch zum Symbol des Christusbekenntnisses. Das Geheimzeichen bekam seine besondere Bedeutung während der schrecklichen Verfolgungszeiten.

Man fand das Fischzeichen in den Katakomben von Rom. Vermutlich trafen sich die Christen dort während der Verfolgungen zu kleinen Gottesdiensten. In den ausgedehnten Gängen wurden auch Tote begraben. Auf einer der vielen Grabplatten in der Priscilla-Katakombe steht „ALEXANDER IN ...", und dann folgt nicht das Wort CHRISTO oder DEO (Gott), sondern das Fischsymbol. Anderswo in der Katakombe liest man: „O Ichthys, begnadige mich, ich sehne mich, mein Herr und Erlöser." Das hat nichts mit Tiersymbolen zu tun, die man in anderen Religionen fand und noch findet. Hier wurde der das ganze Evangelium Gottes zusammenfassende Name bekannt, der Christen durch die Zeiten verbunden hat und bis heute verbindet. Heute leben wir in einem freien Land. In unserer Verfassung wird die Religionsfreiheit hervorgehoben und die Glaubenden werden unter den Schutz des Staates gestellt. Das gilt genauso für Andersgläubige und Atheisten. Aber den Glauben verheimlichen muss bei uns keiner mehr, und niemand muss sich mit einem Geheimcode schützen.

Die Frage ist, ob sich die Christen zu Jesus Christus bekennen. Ob sie dieses Urbekenntnis kennen und sich auch persönlich als Christen mit Worten und Taten „outen". Niemand soll sich seines Glaubens schämen. Eher sollte er sich schämen, wenn er sich schämt. „Jesus ist gut, darum glaube ich an ihn", sagte mir Dieter Kürten, der damalige Sportchef des ZDF, bei einem Interview auf einem Evangelischen Kirchentag. Ich hielt dann noch eine Rede über den Glauben, doch diesen einen Satz haben viele gewiss nicht mehr vergessen. „Jesus ist gut, darum glaube ich an ihn."

Wo ist der Himmel?

Bei einer Predigt am Himmelfahrtstag bin ich einmal mit zwei Gegenständen auf die Kanzel gestiegen. Erstens mit einer richtig dicken Bibel und zweitens hatte ich einen Regenschirm dabei. Ich las eine der „Himmelfahrtsgeschichten" aus dem Evangelium. Dann erzählte ich, wie ich mich als Kind mit der Frage quälte, wohin denn Jesus „aufgefahren" ist. Der Heiland ist weg, abgehauen in den Himmel, dachte der kleine Kerl.

Hier ließ ich auf der Kanzel den Schirm knallen, und er sprang auf. Einige ältere Damen erschraken. Nun stand ich eine Weile unter dem offenen Schirm, bevor ich weitersprach.

Ausgerechnet durch die englische Sprache erledigte sich dieser Zweifel. In der englischen Sprache gibt es zwei Worte für Himmel. „Sky" ist das Wort für den Himmel über uns, von dem die Sonne scheint und der Regen fällt (dafür stand der Regenschirm). Doch in der Sprache der Bibel ist der Himmel Gottes gemeint: „Heaven".

Jesus begegnete seinen Jüngerinnen und Jüngern nach Ostern mehrfach als der Lebendige. Die letzte dieser geheimnisvollen Begegnungen war die „Himmelfahrt". Nun „sitzt er zur Rechten Gottes", heißt es in der Glaubenssprache der Bibel.

Gott hat Jesus zum Verantwortlichen für die Weitergabe der Liebe Gottes an alle Menschen gemacht. Darum heißt er „Sohn Gottes" und „Christus". Damit wird alles zusammengefasst, was er am Kreuz und bei seiner Auferstehung für alle Menschen getan hat. Heil nennt die Bibel diese Wahrheit. Alle sollen es hören und persönlich erfahren. Und seine Nachfolger sollen ihm dabei helfen.

Vor vielen Jahren hing im Ruhrgebiet die Werbung eines Volkspredigers: „An Jesus kommt keiner vorbei." Damals gab es den Fußballer und Dribbelkünstler Libuda, ein Star im Ruhrgebiet. Da schrieben „böse Buben" mit einem dicken Farbstift daneben: „Außer Libuda." Fromme Leute regten sich mächtig auf, doch vernünftige lächelten eher ein bisschen. Die Kerle wollten doch Jesus nicht verspotten, sondern wollten eben Libuda einmal hervorheben. Ich habe damals auch ein wenig gegrinst.

Dennoch stimmt dieser Satz, dass niemand an Jesus vorbeikommt. Nun in einem ganz nüchternen und ernsten Sinn. Weil Gott ihn eingesetzt hat zum Herrn über alles, ist er nun auch der Erlöser für alle. Und genau das sollte man wissen und sich darüber freuen.

Noch einmal: Was und wo ist der Himmel? Er ist nicht irgendein riesiger Saal, in dem Gott wohnt, sondern wo Gott ist, da ist der Himmel. Wir werden die „Architektur" des Himmels hier nie erfahren, es gibt keine Fotografie und kein Video vom Himmel, was uns stets neugierige Menschen enttäuschen mag. Unsere Kameras würden platzen, unsere Aufnahmen wären total überbelichtet, es ist eine ganz andere Dimension.

Die Hoffnungssprache der Bibel ist Bildersprache. Nicht, weil da nichts ist, im Gegenteil, weil es so groß und so anders ist, dass unser Kopf und Denken es nicht fassen kann.

Doch schon diese Worte überschreiten alle Grenzen des Verstehens. „Dimension" ist ein räumlicher oder auch ein philosophischer Begriff. Gottes Himmel jedoch passt in keine dieser Kategorien. Glaube ist ein tiefes Vertrauen auf die Zusagen Gottes.

„Ich gehe hin, euch die Stätte zu bereiten." (Johannes 14,2). Gemeint sind weder die Hütten von damals noch die Luxusvillen in Florida, sondern sie sind ein Bild für die unbeschreibbare und wunderbare Wirklichkeit, die auf uns wartet.

Ich halte beim Schreiben inne. Meine Sätze überschreiten alle unsere Grenzen. Sagen wir es ganz einfach: Der Himmel ist uns ganz nah, hautnah, nur ein Gebet entfernt. „Vater unser, der du bist im Himmel." Jesus ist bei uns alle Tage, ganz nah bei uns, bis an das Ende der irdischen Welt und an das Ende der irdischen Geschichte mit mir und dir und uns allen. Jesus ist Gott in der Welt, durch ihn kommt Gott zu uns. Auch jetzt in diesem Augenblick. Mitten am Tag und während allen 24 Stunden eines Tages und der Nacht. Wenn einer „im Glauben" stirbt, ist er bei Gott, dann ist er im Himmel.

Das Geheimnis ist groß, aber wunderbar. Vor allem, Gott ist der Gott „für uns", nicht gegen uns. Das große „für uns" steht gegen alle tief eingefressenen Bilder von einem Rachegott. Seit Jesus „für uns" starb, kann die „Gottesangst" aus unseren Gemütern verschwinden. Ehrfurcht ist keine Angst, sie ist ein Ausdruck der großen Dankbarkeit.

Gewiss dürfen wir ein bisschen über den Himmel träumen, doch unsere Träume entsprechen nie der Realität. Der Himmel wird ganz anders sein, auf jeden Fall großartiger, schöner, heiliger, herrlicher, glücklicher als alles, was wir denken und träumen können. Die Bibel spricht von der Ewigkeit in irdischen Bildern, wie sollte es auch anders sein. Doch sie weiß es selbst. Paulus hat von seinem Wissen und seiner Prophetie geschrieben: „Unser Wissen ist Stückwerk und unser prophetisches Reden ist Stückwerk..." (1. Korinther 13,9). Eines aber bleibt: Jesus Christus ist die Tür zum Himmel. Schon heute und jetzt. Denn das „ewige Leben" – das ist die untrennbare Verbundenheit mit Gott – beginnt schon mitten im gegenwärtigen

Leben. Das zu wissen macht große Freude und kann uns zu liebenden Menschen machen, zu Hoffnungsträgern, zu Mutmachern für Menschen in unserer Umgebung.

Denn Flucht aus der Welt ist verboten. „Es gibt viel zu tun, packen wir's an", hieß einmal ein Werbespruch für irgendwas. Die Hoffnung des Glaubens will in der Liebe Gestalt gewinnen. Die Liebe ist die sichtbare Seite des unsichtbaren Glaubens. So kommen die Erde und der Himmel zusammen. Alles andere ist Mumpitz und religiöser Krampf. Wenn jedoch einer im Sterben liegt, wenn er sein „letztes Stündlein" kommen spürt, dann muss er nichts mehr tun, dann darf er einfach nur vertrauen und sich auf den Himmel freuen. Und wenn er in Angst ist, sollen die Christen ihn trösten, ihm die Hände auflegen und ihm die Hand halten.

Doch für uns Lebende auf diesem Globus gilt: Es gibt noch viel zu tun: Liebe üben, Verantwortung übernehmen, Zeugnis geben, zupacken, wo es nötig ist, Fürbitte üben – lauter alte und einfache Worte, doch sie gelten immer noch. Packen wir es also an. Wenn der Herr kommt, soll er uns bei der Arbeit finden.

Tsunami – die Todeswelle

Mit diesen beiden Worten titelt das Nachrichtenmagazin *Der Spiegel* seinen Bericht über den verheerenden Tsunami im Dezember 2004, der über die Küsten von Indonesien, Sri Lanka, Indien, Thailand und den Malediven raste und alles mit sich riss. Fragen kamen auf – aus den Tiefen der Herzen und Köpfe ungezählter Menschen auch in unserem Land. Warum? Und wo war Gott?

Es war eine der schwersten Naturkatastrophen der überschaubaren Menschheitsgeschichte. Es hat in Urzeiten gewaltige Naturereignisse gegeben, die das geografische (physikalische) Gesicht unseres Globus' gezeichnet haben, doch das geschah weit vor der historisch erfassten Lebensgeschichte der Menschenwelt. Nun aber traf die Katastrophe voll hinein in das Leben von Menschen, die an den wunderbaren Küsten der genannten Länder ihre Ferien verbrachten und touristische Gäste der Völker waren.

Alles war so friedlich, so lustig, so schön – bis die Todeswelle kam. Zu viele wurden von ihr erfasst, die dort lebenden Menschen und die Gäste aus anderen Erdteilen, auch aus Europa und Deutschland.

Und wo war Gott?

„Jetzt sind die Kirchen gefragt", hieß es immer wieder. Aber können die Kirchen und Christen hier mit raschen Antworten aufwarten? Wohl kaum, sie sind keine Fachleute für alle Rätsel der Welt. Wer hier flott daherredet, verärgert und macht sich selbst lächerlich.

Aber dennoch: Die Kirchen und Christen sind in der Pflicht. Mit ihrem Nachdenken, ihrem Beten, ihrem Mitleiden und ihrem Trost in Todesnot angesichts der unsere bisherigen Erkenntnis-Dimensionen sprengenden Ereignisse in den Küstenregionen der Länder am Indischen

Ozean. Was sollen wir einander sagen, wenn wir Menschen uns gegenseitig fragen: „Und wo war Gott?" Die alte Frage erhebt sich erneut: „Wie kann Gott das zulassen?" Bundespräsident Köhler hat seine tiefe Verlegenheit auch als ein Christ offen ausgesprochen. Er sprach von den vielen Menschen, die jetzt beten und hat hinzugefügt: „Auch ich tue es." Ich wage stotternd einige Worte – starke Worte sind nicht dran, wer hat sie denn auch?

Wir leben auf einer Eierschale

Mir ist am 2. Weihnachtsfeiertag 2004 erschreckend bewusst geworden, dass wir kaum noch darüber nachdenken, wie schwach und sensibel unsere Erde im großen Universum eigentlich ist. Wir haben 30 000 Meter, also nur dreißig Kilometer Erdkruste unter unseren Füßen, unter den Meeren noch viel weniger, und dann beginnt schon der riesige Feuerball. Die Erdkruste ist symbolisch vielleicht zu vergleichen mit der Schale eines Hühnereis. Auf dieser dünnen Schale gehen und rennen und arbeiten und kämpfen und lieben und leben wir – wenn es hoch kommt 70 oder 80 Jahre oder noch einige mehr (Psalm 90,10). Vielleicht aber auch viel weniger Jahre.

Unser Leben ist endlich, sterblich, auch wenn wir oft so tun, als hätten wir noch tausend Jahre Zeit zu leben. Und wir sterben offensichtlich nicht nur an Krankheiten, sondern auch durch die Energien in den gewaltigen Naturkräften unseres ach so schönen Planeten. Auch dies gehört zur Endlichkeit unseres kleinen kurzen Lebens. Die Psalmen sprechen direkt oder zwischen den Zeilen davon. Uns ist kein problemloses und rätselloses Leben garantiert. Dieses vorauszusetzen ist ein Irrglaube auch vieler Christen.

Das ist mir in diesen Tagen neu bewusst geworden. „Lehre uns bedenken, dass wir sterben müssen, auf dass wir klug werden" (Psalm 90,12). Mit Gottesbeschimpfungen schaden wir uns nur selbst. Doch an der rätselhaften Wahrheit leiden, das dürfen wir, das müssen wir sogar, es gehört zum „Klugwerden" hinzu, es ist „menschenwürdig". Ich möchte noch leben, ich mag nicht sterben, doch werde ich sterben, und darum ist nun jeder Tag eine Kostbarkeit für mich. Und das noch viel mehr, weil ich weiß, dass der gekreuzigte Heiland (das heißt Retter!) für uns starb und am dritten Tage auferstanden ist von den Toten. Und so dem Tod als dem Zerstörer unserer Gottesverbindung das Genick brach. Christus ist des Todes Tod.

Ich vertraue Gott aus tiefem Herzen, er hat dieses Vertrauen in mir und Milliarden Menschen selbst durch seinen Geist angelegt. Doch ich weiß, dass ich ein ganz schwaches Menschlein bin, dass ich auf dem dünnen heißen Boden der Erde lebe, und über mir ist das kalte und für mich unmessbare weite Universum. Das sind keine romantischen Vorstellungen, es ist die Realität unseres Menschenlebens auf diesem Planeten. So gewaltig ist alles, und so schwach sind wir.

Dass ich überhaupt lebe, ist ein unbegreifliches Geschenk – und ich lebe gerne auf dieser immer wieder so schönen Erde. Doch lebe ich wie ein eben erst geborenes Kind im Arm seiner Mutter, so schwach bin ich, sind wir alle. Angesichts des Tsunamis sind mir alle hochmütigen und arroganten Gedanken wieder einmal gründlich abhanden gekommen. So schrecklich alles war und ist, ich bin klüger geworden, ich hoffe auch demütiger. Der Beter des 8. Psalms spricht angesichts des Weltenraums, den er bestaunt: „Was ist der Mensch, dass du seiner gedenkst, und des Menschen Kind, dass du dich seiner annimmst"

(Psalm 8,5). So klein und schwach und doch so unvergessen von Gott.

So schwach waren auch sie, die Menschen, die dort in Asien in den Tod gerissen wurden. Mich quält die Tatsache, dass so viele Kinder starben und dass Familien innerhalb weniger Minuten zerrissen wurden, Kinder ohne Eltern, Eltern ohne Kinder, Liebende ohne den geliebten Menschen. Viele haben vor den Fernsehgeräten Tränen geweint. Auch solche, die es alles aus großer Ferne ansahen. Auch für uns in der eher ungestörten Zivilisation war es erschreckend.

Zeit für Ehrlichkeit

Doch wir Lebenden müssen endlich ehrlich werden. Wir haben uns so daran gewöhnt, dass alles wie geschmiert läuft, dass unsere Erde wie eine stets fabelhaft gepflegte und gesicherte Maschine funktioniert. Die Erde unter uns und das Universum um uns herum. Und es gehört sich doch auch so, darauf haben wir doch ein Recht – meinen wir. Aber bereits wenn wir einmal schmerzhaft krank werden, allein der vereiterte Backenzahn kann es sein, ist plötzlich die Frage da, warum Gott das zulässt. Und ob es ihn überhaupt gibt? Wenn er doch so schlecht funktioniert.

Viele Jahre nahmen wir keine Notiz von ihm, dankten ihm kaum einmal oder nie, so selbstverständlich war alles. Doch nun ist Gott dran, er muss sich vor uns rechtfertigen. „Gott, wie kannst du das zulassen? Du bist doch der Ingenieur des Weltenlaufes, dafür haben wir dich doch. Und nun hast du total versagt. Wir klagen nicht zu dir, sondern wir klagen dich an." So sind wir, so war auch ich oft genug.

Nein, diese kritische Selbstbetrachtung ist kein Ausweichen vor der Not. Doch mit Gottesbeschimpfungen kommen wir nicht weiter. Martin Luther, der Reformator und leidenschaftliche Theologe (Gottes-Denker) hat unterschieden zwischen dem „Welthandeln Gottes" – seinem Wirken in Natur und Geschichte – und dem „Heilshandeln Gottes", also seinem Erbarmen mit uns. Seiner Treue, die bis in Ewigkeit gilt. Das „Heilshandeln" ist unlösbar verbunden mit allem, was Jesus Christus für uns getan hat und noch für uns tut. Luther leitete hier den Gedanken des „verborgenen Gottes" und des „offenbaren Gottes" ab. Gewiss auch nur ein Versuch, doch dass wir Gott nicht in den Griff bekommen, das wissen viele auch aus ihrem persönlichen Leben. Doch Jesus bezeugt uns von Gott: „Niemand kann sie (gemeint sind wir Menschen) aus des Vaters Hand reißen" (Johannes 10,29).

Mel Gibsons Film über die Passion Christi war sehr umstritten, zu schrecklich und zu blutig meinten viele, die gerne ein freundlicheres Gottesbild hätten. Dieser Jesus schrie, ja er schrie laut: „Mein Gott, mein Gott, warum hast du mich verlassen?" In diesem Schrei waren auch unsere Verzweiflungen und Todesnöte enthalten. Auch die von den Küsten der so verwundeten Völker. Zu diesem Gott fliehe ich mit meinem Zweifel und meiner Angst, von diesem Gott erzähle ich Sterbenden und noch Lebenden. In diesem Schrei sehe ich die Toten der Küsten Südostasiens geborgen, so seltsam es klingt, in diesem Schrei hat Christus sie vor Gott gebracht.

Der Glaube der Christen weiß nicht alles, er ist kein Automat für schnelle und passende Antworten. Auch Paulus, der wohl größte Theologe der Christenheit, wusste nicht alles. Sein Rat: „Freut euch mit den Fröhlichen und weint mit den Traurigen" (Römer 12,15). Paulus hat wohl auch geweint, wenn er keine Antwort auf ein Leid wusste oder mit Leidenden durchhielt auf den letzten Metern des Lebens. Das Wort des Paulus gilt auch heute. Mit den Fröhlichen lachen und feiern und mit den Traurigen weinen und klagen und sich mit ihnen im Leiden verbünden vor Gott.

Hubert Neudeck, der Gründer des Hilfswerks Cap Anamur, sprach nach dem Tsunami in einem TV-Interview über das ebenfalls furchtbare Erdbeben von Lissabon im Jahre 1755. Damals sei „die Frage nach dem gnädigen Gott" durch Europa geeilt. Die Philosophen und das Volk vereinten sich in dieser Frage. Hubert Neudeck ist kein Zyniker, doch sagte er eindrücklich, dass nun „die Frage nach den gnädigen Völkern" dran sei, die den schwer geschädigten Völkern angesichts dieser Menschheitskatastrophe zu helfen hätten.

Handeln und beten, spenden und verteilen, Liebe üben und Gutes tun, das ist für uns alle dran. Gewiss oft mit Tränen in den Augen und mit tiefer Trauer und Wut im Herzen, doch auch opferbereit, tatkräftig – alle zusammen auf der gesamten Erde. Christen und Atheisten, Gläubige und Skeptiker, wir als einzelne Frauen und Männer und die Regierungen der Völker unserer Erde.

Brasilianische Kicker schießen nicht nur Tore ...

Ich mag die Brasilianer in unseren Fußballclubs. Ganz abgesehen von ihren Ballkünsten – sie sind fröhlich, und die meisten von ihnen sind fromm. Sagen wir lieber, sie sind junge Christen, die ihren Glauben an Jesus nicht verstecken. Ich hörte, dass man sie seitens der Vereine um eine gewisse Zurückhaltung gebeten hat. Darum tragen sie ihre Glaubenssignale nun unter dem Trikot auf dem Schweißhemd. Doch diese Männer sind echte „Evangelisten". Sie nutzen die Chance der großen Öffentlichkeit und zeigen, an wen sie glauben. Wahrscheinlich haben sie den Namen Jesus unter den Glaubens-Distanzierten mehr bekannt gemacht als Tausende von Gottesdiensten, wohin die meisten Zuschauer leider nie gehen. Jesus und die Fußballer, das passt zusammen. Diese Entdeckung war manchem ganz neu.

Ich vergesse es nicht mehr: Einer von ihnen schoss ein absolut raffiniertes Tor, einen Fallrückzieher in die rechte obere Ecke. Der saß. Die Masse jubelte, der Brasilianer zeigte nach oben und riss sein Trikot hoch. Was stand da? Diesmal nicht „Jesus loves you", sondern Philipper 4, Vers 13: „Ich vermag alles durch den, der mich mächtig macht, Christus." Der junge Brasilianer wollte allen Zuschauern im Stadion und an den Bildschirmen sagen, was das Geheimnis seines Lebens ist und woher er seine innere Kraft bezieht. Paulus schrieb diesen Satz an die frühe Jesus-Gemeinde in der Stadt Philippi. Er saß wieder einmal im Knast, weil er seinen Glauben wohl zu deutlich in der Öffentlichkeit gezeigt hatte. Die Römer mochten das nicht. Der Kaiser in Rom war der Chef der Welt. Nicht der Christus der Christen.

Aber ist Jesus für den Fußball und das Toremachen zuständig? Dann müssten alle Christen bei der Fußball-Weltmeisterschaft demnächst viele Tore schießen. Und wahrscheinlich würden die Brasilianer Weltmeister.

Es ist ganz anders gemeint: „Schaut her, ich gehöre zu Jesus und möchte es euch allen zeigen. Er ist der Chef und die Energiequelle in meinem Leben." Manchem mag diese Direktheit peinlich sein, es muss ja auch nicht jeder Spieler nachmachen, auch nicht, wenn er ein Christ ist. Aber der Glaube an Jesus Christus ist keine Peinlichkeit. Peinlich ist eher, dass so viele junge und auch ältere Menschen, die sich in den Gottesdiensten mit ihren Liedern und Glaubensbekenntnissen zu Christus bekennen, sofort nach Verlassen der Kirche den Mund halten und so tun, als sei die Sache mit Gott etwas, „was jeder mit sich selbst ausmachen muss".

Ich bin für Offenheit in Glaubensdingen. Jeder ist ein Geschöpf Gottes. Keiner ist ein Zufallsprodukt der Natur und Geschichte. Dass wir Menschen die Beziehung zu Gott kaputt machten, ist schrecklich. Doch Gott hat uns nicht fallen lassen. Er ist zu uns gekommen in Jesus, um uns wieder zurechtzuhelfen und in die Spur des Lebens zu bringen. Darum heißt Jesus der Christus. Ich freue mich über die Brasilianer, dass sie es uns sagen. Sie sind Missionare aus Lateinamerika in Europa.

„Gott braucht Menschen"

So der Titel eines französischen Films, der längst aus den Kinos verschwunden ist, mir aber noch eindrucksvoll in Erinnerung ist:

In einem Fischerdorf starb der Pfarrer. Die Gemeinde blieb einige Zeit unversorgt. Keine Messe, keine Kommunion (Abendmahl) und keine Predigt mehr. Am Sonntagmorgen trafen sich die Christen traurig vor der Tür der Kirche und ließen die Köpfe hängen.

Da wurde ein Fischer, ein kerniger Typ, sozusagen vom Heiligen Geist gepackt und auf die Kanzel geführt. Er handelte nicht aus Arroganz, sondern weil er überzeugt war, dass Gottes heiliges Wort gepredigt werden müsse. Auch wenn es dafür keine bischöfliche Genehmigung gab, es musste gepredigt werden. Nach inneren Seelenkämpfen eröffnete er den Gottesdienst. Man sang die alten Lieder, die Augen der Frauen und Männer leuchteten auf. Die Regie ließ es hell werden in der Kirche.

Und dann stieg der Fischer zuerst mit schwankenden Schritten, doch dann ganz fest auf die Kanzel. Er begründete seinen inneren Auftrag und begann mit seiner Predigt. Welch eine Predigt! Zuerst stockte seine Sprache noch, er war eher ein stiller Typ, aber dann kam die Predigt gewaltig aus seinem Herzen und seinem Mund.

Ich erinnere mich, dass mich dieser Film damals noch lange bewegte. Es war eine starke Predigt. Man nennt solche Predigten in der Sprache der Kirche „vollmächtig". Menschen werden von Gott ergriffen. „... weil ich von Christus Jesus ergriffen bin", sagt Paulus einmal (Philipper 3,12; L).

Gott braucht Menschen

Wir brauchen Gott, das ist der Grundton des Glaubens in den verschiedenen Konfessionen und Kirchen. Wir brauchen Gott, damit wir die Vergebung erfahren, damit wir die Gewissheit des Glaubens bekommen und eine Hoffnung erhalten, die auch über die Grenze des Sterbens hinaus gilt. Immer sind wir hilfsbedürftig und auf Gott angewiesen. Was wären wir auch ohne Gottes Zuwendung. Das ist okay, daran soll nicht gerüttelt werden. Wir brauchen Gott.

Doch wann hören wir einmal die sozusagen umgedrehte Wahrheit? Sie könnte uns eine ganz neue Beziehung zu Gott und zum Glauben geben.

Mancher könnte aufhorchen, wenn er begreift, dass er gebraucht wird. Nicht um sich bei Gott wichtig zu machen, wohl aber, damit er brauchbar wird für Gott.

Von Anfang an redet die Bibel davon. „Macht euch die Erde untertan und herrschet über sie", heißt es ganz vorne in der Bibel nach der Schöpfungsgeschichte (1. Mose 1,28). „Geht hin in alle Welt und verkündigt das Evangelium allen Menschen", hat Jesus gesagt (Vgl. Matthäus 28,19).

Diese Linie reicht bis heute. Ganz direkt gesagt: Wir sind faule Menschen, wenn wir nur für uns verbrauchen, was uns an Leib, Seele und Geist gegeben wurde. Wir sind nicht in der Spur des Lebens, wie es sein sollte. Wir haben nicht begriffen, wie froh jemand werden kann, wenn er seine Lebensspur, seinen Arbeitsplatz, seinen Auftrag in der Geschichte seines Lebens gefunden hat. Das ist in allen Berufen und Lebenszeiten nötig und möglich. Es ist unabhängig von unseren Berufen nötig, doch gerade auch mitten in den Berufen und Aufgaben, in die uns das Leben gestellt hat. Nicht nur Pfarrer und Pastoren sind Geistliche, jeder Christ hat einen geistlichen Auftrag. Spirituell leben, ein Stichwort zum Weiterdenken.

Gott braucht Studenten und Studentinnen, die sich zu ihm unter den Kommilitonen bekennen. Nicht mit frommen Sprüchen, wohl aber mit Erfahrungen und Argumenten.

Gott braucht Mediziner auf allen Ebenen, die ihren Beruf als von Gott gegebene Aufgabe verstehen. Ich weiß von Chirurgen, die vor jeder OP für einige Sekunden ganz still werden und beten.

Gott braucht Mütter und Väter, die ihren Kindern den Glauben vorleben. Nicht als Idealgestalten, das sind wir alle nicht, sondern auch in Krisen und doch mit einer Freude, die aus der Begegnung mit Christus stammt.

Gott braucht Politiker in allen Parteien, die es spüren lassen, dass sie eine sehr tiefe Basis in sich tragen, wo die Grundlagen ihres Lebens zu finden sind. Politik ist ein oft hartes Geschäft, da geht es ohne Konflikte und Auseinandersetzungen nicht ab, doch es kann in Worten und Taten etwas spürbar werden vom Glauben dieser Christen in der Politik.

Vielleicht ist dieser Gedanke – „Gott braucht mich, er will mich als seinen Mitarbeiter, seine Mitarbeiterin haben" – für nicht wenige ein Anreiz, ganz neu über ein neues und interessantes Leben nachzudenken.

Sich Gott bewusst zur Verfügung stellen. Jeden Tag und jede Stunde. Weil ich ein Berufener bin. Das wäre eine ganz neue Art zu leben.

Glauben lernt man nur durch glauben

Christen verstehen den Glauben als eine Beziehung, nicht nur als eine Aufreihung von Wahrheiten und Lehrsätzen, die man im Gehirn speichert. Gegen Lehrsätze und Wahrheiten des Glaubens ist nichts zu sagen, wir sollen ja auch wissen, was wir glauben, und nicht nur irgendetwas fühlen. Aber ohne die existentielle Erfahrung der Wahrheit des Evangeliums, die tief ins Herz und hoffentlich auch in den Kopf geht, läuft nichts im Glauben. Dann ist er vielleicht so etwas wie ein Artikel im Bundesgesetzbuch (BGB) oder wie der Beipackzettel in einer Medizinverpackung.

Bleiben wir einen Augenblick beim Beipackzettel. Mir wird (hoffentlich) geholfen, wenn ich das Medikament einnehme, ich werde jedoch nicht gesund, wenn ich den Beipackzettel verspeise. Auch nicht, wenn ich ihn gründlich kaue und kräftig mit Rotwein nachspüle. Die Medizin will „eingenommen" werden. Genauso gelingt der Glaube nur, wenn ich Christus vertraue und mich ihm anvertraue. Das ist die personale Beziehung, die „Glaube" heißt.

Die Wahrheit des Evangeliums hat einen Namen, sie ist eine Person, sie heißt Jesus Christus. Dieser Name ist die konzentrierte Zusammenfassung der Botschaft der Christenheit. Der kürzeste, doch großartigste Predigttext für Pastoren und Pastorinnen auf den Kanzeln aller Kirchen dieser Welt heißt: „Jesus Christus". Ich habe diese Predigt schon einmal in einer Kirche gehalten. „Liebe Gemeinde, mein Predigttext an diesem Morgen ist sehr kurz, doch der schönste, den es gibt, er heißt ‚Jesus Christus'". Man war verdutzt, doch hörten die Menschen aufmerksam zu.

In dem Menschen Jesus von Nazareth ist Gott zu uns gekommen. Das gilt für seine Geburt, seine Predigten, für seine Taten und für sein Sterben am Kreuz. Dort hat er sich total mit uns verbunden, näher ging es nicht mehr. Er hat unsere Schuld übernommen und weggetragen, sie ist beseitigt, sie darf den, der Jesus vertraut, nicht mehr belasten. Das Grab hat ihn nicht einsperren können. In seiner Auferstehung hat Gott auch den Deckel vom Grab unseres Lebens abgehoben. „Wer an mich glaubt", so hat Christus nach dem Johannesevangelium gesagt, „der wird leben, auch wenn er stirbt" (Johannes 11,25). Der Tod ist der Durchgang in eine unfassbar neue Wirklichkeit. Ewiges Leben fängt also hier schon an, nicht erst nach unserem Sterben. Der Himmel beginnt sozusagen ganz unten. Wer im Glauben mit Christus verbunden ist, der ist schon drin im ewigen Leben.

Das ist ein tiefes Geheimnis und zugleich eine ganz konkrete Lebensform. Ich darf hoffnungsorientiert leben. In allen Bereichen meines Lebens. Ich muss zum Beispiel kein Spießer werden. Schon das ist sehr viel. Mir wird ein Weitblick geschenkt, der das ganze Leben umfasst und mich in Verantwortung nimmt. Mir darf nicht mehr egal sein, was in der Welt der Völker und in meiner Umgebung geschieht. Die Wahrheit des Glaubens ist konkret. Sie wird konkret in der alltäglichen Verbundenheit mit Jesus, sie wird konkret in der Liebe und im Weitersagen des christlichen Evangeliums. Ich bin ein Weltbürger, weil mein Gott die ganze weite Menschenwelt plus Pflanzen, Tiere, Berge, Meere und das ganze Universum liebt.

Gott ist überall, und er ist uns ganz nahe. Die Entfernung zu ihm ist *ein* Gebet weit, zum Beispiel dieses: „Ich komme zurück, mein Gott, nimm mich bitte an, wie ich bin. Ich mag nicht mehr ohne dich Mensch sein." Dann kann ein Mensch wieder so richtig Mensch werden.

Nur wer in den Flieger einsteigt, fliegt mit…

Ich bin schon ziemlich viel in der Welt herumgeflogen. Doch andere noch viel mehr. Geschäftsleute, Politiker, Sportler, Missionare, Künstler, Globetrotter, Wissenschaftler, Menschen aus allen Ländern. Vom früheren deutschen Außenminister Genscher wurde berichtet, er sei sich auf dem Flug nach New York über dem Atlantik einmal selbst begegnet. Als er zum Fenster rausschaute, sah er sich drüben am Fenster eines Flugzeuges sitzen, das gerade nach Europa zurückflog. Das ist natürlich Quatsch, aber mit einem Kern Wahrheit. Viele fliegen viel mit den Fliegern in der Welt umher.

Wie auch immer, ich werde in meinem Leben nie begreifen, wieso solch eine große und voll beladene Maschine starten und fliegen und landen kann. Da sitzen doch glatt 300 Passagiere drin, der Frachtraum ist voller Gepäck, das Kerosin im Tank wiegt viele Tonnen, und dann startet der Flieger mit lautem Getöse und fliegt und fliegt. Und ich steige immer wieder in eine Maschine ein und weiß immer noch nicht, warum das riesige und gewiss sehr schwere Teil fliegen kann. Aber ich fliege mit, was soll ich auch anderes machen, wenn ich nach Singapur oder Johannesburg oder New York will, vielleicht auch nur rasch nach Berlin.

Zugegeben, ich war in Physik nicht besonders gut. Ich war „schwer von Begriff", so nannte man es früher. Doch meine Freunde, die etwas davon verstehen, haben mir ganz genau erzählt, wieso ein Flieger fliegt. Von dem Düsenantrieb und dem Düsenstrahl haben sie erzählt und von einer ungeheuren Schubkraft. Ich staunte und schwieg schließlich, begriffen habe ich es kaum. Es ist mir alles nicht ganz geheuer, doch ich steige ein und fliege. Ich vertraue den Erfindern und Technikern und den Piloten, der Fluggesellschaft und denen, die immer wieder in einen Flieger eingestiegen sind und ankamen.

Nun ist Gott kein Jumbojet und der Heilige Geist kein Düsenantrieb. Das Evangelium ist keine Luft zum Fliegen und der Einstieg in die Maschine kein Glaubensschritt. Dennoch liegen die Vergleiche mit dem Glauben greifbar nahe. Ich werde ein Leben lang über das Geheimnis Gott nachdenken, das tut auch die Bibel, doch ich vertraue ihm. Ich kenne Zweifel, doch handelt es sich nicht um zerstörende Einbrüche, sondern um manche offenen Fragen, die auch wehtun können. Aber Gott hat sich mir und meinen Freunden und der ganzen Welt durch Jesus grundlegend bekannt gemacht. Das ist die Basis für alles andere.

Wenn ich wissen will, wie Gott ist, dann lese ich die Jesusgeschichten des Evangeliums und darf wissen: So ist Gott – wie Jesus war und immer noch ist. Eine „Gottesvorstellung" habe ich damit nicht bekommen, doch einen Blick voller Liebe. Wenn ich zur Bank gehe und Geld aus dem Automaten ziehe, muss ich den Code eingeben, erst dann kann ich Geld abheben. Man verzeihe mir diesen verrückten Vergleich: Der Code zu Gott heißt Jesus, J-e-s-u-s. „Bittet den Vater in meinem Namen", so hat Jesus immer wieder gesagt. So bekommen wir Zugang zu Gott. So viel Zugang, wie wir ihn in unserem Leben und Sterben auf dieser Erde brauchen. Der Heilige Geist, wie die Christen ihn ehrfürchtig nennen und bekennen, ist sozusagen die Kraftleitung, über die Gott selbst zu uns kommt und uns mit der Energie des Glaubens beschenkt. So kommt das „Wort Gottes" in uns hinein. „Das Wort bringt den Geist an die Herzen heran, der Geist bringt das Wort in die Herzen hinein", hat ein kluger Christ gesagt.

Wer in den Glauben einsteigt, der kann glauben. Ich vertraue mich Gottes Zusagen an, ich sehe, dass andere ihm auch vertrauen, das macht mir Mut. Der Theologe Dietrich Bonhoeffer, er starb mit 39 Jahren als Christ und Widerstandskämpfer, schrieb in seinem Buch „Nachfolge" vom „ersten Schritt" des Glaubens. Dieser erste Schritt sei keine religiöse Leistung, die wir tun, er sei jedoch notwendig, damit der Glaube wirklich beginnen könne. Gott ist uns hautnah, blutnah entgegengekommen, jetzt soll alles neu beginnen. „Es muss ein erster Schritt des Glaubens gegangen werden, damit der Glaube nicht frommer Selbstbetrug, billige Gnade werde", schrieb Bonhoeffer.[6] Es ist ein „Glaubensschritt". Es muss keine besondere Stunde sein, es kann eine Lebensstation sein, ein Stück des Lebensweges. Es geht um einen Beginn des Weges. Das ist gemeint. Wie und wann und wo dies geschieht, ist völlig egal und von Mensch zu Mensch unterschiedlich.

Weil Jesus mich rief, bin ich ihm gefolgt, anders wäre ich nie ein Christenmensch geworden. Ich kann und will ohne ihn nicht mehr sein.

Ich habe Zeit für dich – Gott

Vor mir hängt eine hübsche Uhr an der Wand. Die Zeiger drehen sich wie auf jeder Uhr. Hinter den beiden großen Zeigern zieht noch der rote Minutenzähler seine Runden. Eine Uhr wie viele. Doch der Clou ist der Satz auf dem Ziffernblatt der Uhr: „Ich habe Zeit für dich – Gott."

Da frage ich mich, wie denn Gott, der die Welt erschuf und im geheimnisvollen Schöpfungsprozess auch uns Menschen, nun noch sozusagen privat Zeit für mich haben soll. „Tausend Jahre sind vor dir wie der Tag, der gestern vergangen ist", sagt Psalm 90,4 von Gott. Und er hat in dieser Sekunde Zeit für mich? Er hört mein stilles und gestottertes Gebet? Ich spreche oder denke das Gebet über dem Steuer meines Wagens auf der Autobahn. Ich stöhne es in mich hinein, und doch schreie ich es hinaus zu Gott, was mich plagt. Vielleicht zerbröselt gerade meine Ehe. Die Familie läuft aus dem Ruder. Vielleicht werde ich demnächst „freigestellt", also aus der Firma „entfernt". Oder mir ist gerade meine große Liebe davongelaufen. Oder ich war ihr, der großen Liebe, untreu und schäme mich. Ich sage es Gott, und er hat Zeit für mich? Zeit für mich schwachen Typen, für mich, den starken Kerl, die Frau mit Charme und Schick? Oder für mich, die junge Frau, die man einen bunten Schmetterling nennt? Hübsch soll ich sein, sagt man, doch ich mag mich im Spiegel nicht mehr ansehen. Vielleicht habe ich gerade meine Mathearbeit in den Sand gesetzt, das Abitur wird in die Hose gehen. Oder ich fühle mich so unverschämt gut, dass ich mich bei der höchsten Instanz bedanken möchte.

„Ich habe Zeit für dich – Gott", so steht es auf der Uhr. Der alte oder junge Atheist kann sich beim Lesen dieser Sätze ein breites Grinsen nicht verkneifen. Sorgen haben die, diese „Gläubigen"! Ich kenne keinen Gott und will auch nicht, dass einer sich um mich kümmert.

Doch auch für diese Menschen hat Gott Zeit. Es gibt nicht nur den Sekundentod, es gibt auch den Sekundenglauben. Plötzlich geht jemandem ein Licht auf. Gott ist uns näher, als wir denken. Er ist wie die Luft um uns herum, wie der Atem in uns, er scheint oft ganz fern zu sein, doch dann wieder ganz nahe. Doch er richtet sich mit seiner Anwesenheit nicht nach unseren wechselnden Stimmungen. Der Geist Gottes ist unterwegs. Gott ist ein Sucher und ein Finder.

Was ist eigentlich unsere Zeit? Die Uhrzeit, die Lebenszeit, die Arbeitszeit und die Freizeit? Wer philosophische, psychologische und physikalische Informationen sucht, der rufe das Stichwort „Zeit" bei Google auf, da rauscht es wie ein Wasserfall. Wer jedoch über den Glauben mehr wissen möchte, als die Geistes- und Naturwissenschaften zu bieten haben, der gehe noch ein paar Schritte weiter mit – in diesem Text.

Im Neuen Testament finden wir zwei wichtige griechische Worte für Zeit. „Chronos" steht für die Uhrzeit und für die Kalenderzeit. Die Uhr, früher auch Chronometer genannt, dreht ihre Zeiger immer rundherum und wieder rundherum. Sie kommt an jedem Tag zweimal bei der 12 auf dem Ziffernblatt an. Der Kalender beginnt mit dem 1. Januar und endet mit dem 31. Dezember. Der Terminkalender zeigt es mir. Und schon beginnt das neue Jahr. Die 365 Tage laufen ab – und davon.

Dieser Fakt ist uns bekannt, wir erleben es ja von Sekunde zu Sekunde. Doch dramatisch bei der Zeit, der vergehenden Zeit unseres Lebens, ist, dass die Sekunde, Minute und Stunde, die gerade abläuft, nie mehr wiederkehrt. Sie ist vorbei, davongeeilt. Wir stellen uns auf eine

Brücke und erleben, wie ein ICE unter uns hindurchbraust. Wir werden diese Sekunden nie mehr erleben. Es werden andere Züge kommen, doch nie mehr dieser Zug in den zwei Minuten dieses Tages unter der Brücke.

Die Zeit vergeht, was haben wir in ihr, mit ihr gemacht? Zerfasert, ignoriert, nur zu Geld gemacht oder für die wesentlichen Inhalte des Lebens genutzt? Für die Liebe, für Menschen, die uns brauchten, für die stillen Minuten vor Gott?

„Kairos" heißt das zweite griechische Wort im Neuen Testament. Es ist die „gefüllte Zeit", die besondere Stunde, der rettende Zeitpunkt, den wir erleben. Der Kairos tritt ein, wenn zwei Menschen ihre Liebe zueinander entdecken. Die Hochzeit nannten die Griechen wohl einen „Kairos". Die Geburt eines Kindes ist für die Mutter, ihr Kind, den Vater und die Geschwister sozusagen „kairotisch". Ein Mensch hört den Ruf Gottes, nicht akustisch, sondern spirituell. In einem Gottesdienst, bei einem Gespräch, während einer Krankheit, während einer das Leben erschütternden Erfahrung – das ist ein Kairos. Gemeint sind nicht nur traurige Zeitpunkte, auch begeisternde Erfahrungen gehören dazu. Es kommt der Kairos Gottes zu uns, die mit Gottes Gegenwart gefüllte Zeit. Da heißt es aufpassen. Was hat die Glocke geschlagen? Gottes Stunde springt hinein in die Planung unseres Terminkalenders. Die Umkehr in die lebenslange Verbindung mit Jesus Christus war bei uns nicht vorgesehen, doch plötzlich hat uns die Liebe erwischt, Gottes Liebe. Das Leben kann noch einmal beginnen.

Zeit ist Leben

Wenn wir geboren werden, beginnt sie, und sie läuft ab, wenn wir sterben. Wenn wir aus dem Leib der Mutter kommen, beginnt unsere Lebenszeit. Leben und Zeit sind ein in sich geschlossenes Ganzes. Wenn unsere Zeit abgelaufen ist, sind wir nicht mehr am Leben in dieser Welt. Wir wollen Gott danken für die Lebenszeit, die er uns gab. Und sie nutzen.

Zeit ist Chance

Wir sind beschenkt mit Begabungen und Möglichkeiten. Jeder ist mit seinen Gaben und Grenzen ein Original Gottes. Diese wollen genutzt werden. Wer die kostbare Zeit des Lernens in der Schule, in der Berufsausbildung, beim Studium oder auch bei der Gründung einer Familie nicht nutzt, sondern sie vergeudet, der hat die vom Schöpfer in seinem Leben angelegten Chancen nicht genutzt. Was höchst undankbar wäre.

Zeit ist Entscheidung

Es gibt das kleine „Heute" unserer Tages- und Nachtzeit, unserer Schul- und Arbeitszeit. Doch es gibt auch das große „Heute" in unserem Leben. Wenn es um das Ja zum Ruf Gottes geht. Oder wenn Gott vor uns Türen öffnet und uns zu neuen Schritten Mut macht. „... kauft die Zeit aus" (Epheser 5,16). Erkennt, was Gott mit euch vorhat, und an welche Stelle der Welt er euch als seine Mitarbeiter und Mitarbeiterinnen berufen hat.

Die Uhr vor mir mit dem Clou auf dem Ziffernblatt zeigt gerade 16.30 Uhr.

Was hat Gott heute noch mit mir und dir vor? Das herauszufinden lohnt sich immer.

Gott und sich selbst entdecken

Ein Menschenkind und der Schatten

Wir gingen mit einem Mädchen von zwei Jahren in einer ruhigen, von prächtigen Häusern gesäumten Straße spazieren. Plötzlich blieb die Kleine stehen, zeigte auf den Boden des breiten Bürgersteiges und war sichtlich erschrocken. Sie hatte im Schein der warmen Herbstsonne ihren Schatten entdeckt. „Da, da!", sagte sie und schaute uns ängstlich an. Wir wollten sie beruhigen, indem wir auf unsere eigenen Schatten zeigten und mit Armen und Beinen demonstrierten, wie sich der Schatten im Licht der Sonne veränderte. „Nein, nein!", rief sie heftig und wandte sich ab. Sie wollte ihren und unsere Schatten nicht mehr sehen, sie hatte Angst vor der seltsamen Naturerscheinung.

Jeder von uns hat seinen Schatten schon tausendfach gesehen, das Naturphänomen ist uns nicht fremd. Doch wir wissen, dass der Begriff Schatten zu einer Metapher für allerlei geworden ist, was uns Menschen anhaftet und sozusagen verfolgt. „Er wird von seinem Schatten verfolgt." Das muss keinesfalls der Kurschatten sein.

Der Schatten kann eine schwierige Erfahrung sein, die schon Jahre oder Jahrzehnte zurückliegt. Vielleicht tatsächlich eine gescheiterte Liebe. Der Freund bekam sie, ihn wollte sie nicht, er aber wurde diesen Schatten nie mehr los, besonders weil er sie und ihn manchmal sieht.

Vielleicht ist der Schatten auch ein geplatzter Berufswunsch. Nach dem zweiten nicht bestandenen Examen war ein drittes nicht mehr möglich. Kein Totalverlust – was einer gelernt hat, wird ihn weiter begleiten – doch der Traumberuf ist unerreichbar. Mancher trägt diese bittere Erfahrung still wie einen langen Schatten mit sich herum.

Es gibt auch den Schatten der Schuld, der uns nicht loslassen will. Da war doch mal etwas, dessen er oder sie sich bis heute schämt. Der Griff in die Kasse, die Lüge, die einen Menschen scheitern ließ. Lügen können wie Morde sein. Kaum einer weiß davon, aber der Schatten taucht immer wieder auf, wenn ein Name fällt oder eine Situation sich in die Erinnerung drängt. Man fühlt sich gebrandmarkt, sozusagen tätowiert. Ich will hier keine lange Liste machen. Wer diese Schatten kennt, muss nicht belehrt werden.

Können wir unseren Schatten loswerden? Mit manchem Schatten muss jemand tatsächlich leben. Er muss sich sozusagen mit seinem Schatten versöhnen. So wie mit der Trauer über den Tod eines geliebten Menschen. Oder mit dem Schatten eines Verzichts. Ehelosigkeit kann dieser Schatten sein, mit dem sich ein Mann oder eine Frau versöhnen müssen. Auch der körperlich bedingte Verzicht auf ein eigenes Kind gehört zu dieser Art von Schatten.

Das lapidar hingeworfene Wort „Schicksal" klingt hier zu billig, Versöhnung mit der als Lücke im Leben empfundenen Erfahrung ist besser, wenn sie auch mit Arbeit an der eigenen Seele verbunden sein wird. „Ich habe es aus Gottes Hand genommen", sagte mir eine Frau. Sie hatte die Lücke der Kinderlosigkeit durch ein interessantes Engagement ausgefüllt, sie half anderen Kindern ins Leben. Das war ihr Weg. Hier kann man keine Vorschriften machen und Ideallösungen anbieten.

Der Schatten der Schuld kann wirklich vollständig durch Vergebung beseitigt werden. Die Erinnerung mag bleiben, doch darf sie mehr und mehr verblassen. „All Sünd' hast du getragen, sonst müssten wir verzagen." So singen wir im Gottesdienst. Vergebung ist ein Wort für Jesus selbst, er trägt und vergibt unsere Schuld. „Und vergib uns unsere Schuld", beten wir Menschen im Vaterunser.

Noch einmal zurück zu dem zauberhaften Blondschopf. Sie sah ihren Schatten im Licht der Herbstsonne. Dann wandte sie sich der Sonne zu, und der Schatten war weg. Jedenfalls für ihre blitzenden Augen. Das ist eine kleine, aber wichtige Beobachtung. Wir können aus dem Schatten ins Licht treten. Vor unserem Schatten fliehen können wir nicht, er ist so schnell wie wir selbst. Doch durch Umkehr ins Licht fällt dieser Schatten von uns ab. Christus sagt: „Wer mir nachfolgt, wird nicht wandeln in der Finsternis, sondern wird das Licht des Lebens haben" (Johannes 8,12).

Jesus und die Kinder

„Lieben Sie Kinder?" Selbstverständlich. Natürlich. Warum denn auch nicht? Vorsicht mit den Beschwörungen der Kinderliebe. Auch wenn Staatsmänner gerne Kinder tätscheln. Das macht sich gut und kommt in die Zeitung. In unserer Gesellschaft gibt es jedoch entsetzlich viel Kinderverachtung. Wer täglich Zeitung liest, weiß das. Vielleicht auch aus der unmittelbaren Umgebung. Aufpassen, heißt es da. Es gibt polizeiverdächtige Zustände hinter manchen Türen.

Es ist auffällig, wie stark die Liebe Jesu zu den Kindern in den Evangelien betont wird. Der norddeutsche Maler Emil Nolde hat ein Gemälde geschaffen, das im Museum of Modern Art in New York hängt. Jesus steht buchstäblich in einem Blumenstrauß von Kindern. Sie haben Wuschelköpfe, die ineinander fließen. Ein kleines Kind hängt am Hals von Jesus. Nolde zeigt, dass es um alle Kinder geht, weiße, braune, gelbe, schwarze, um alle Kinder der Welt. Jesus neigt sich mit gekrümmtem Rücken zu ihnen herunter. Er liebt sie, und seine Liebe soll weitergehen in unserer Liebe und Fürsorge für die Kinder. Und Jesus verkörpert Gott auf Erden, er ist der Christus. So hoch erhoben ist die Liebe zu Kindern in der „Religion" mit dem Namen Christentum.

Mütter brachten ihre Kinder zu Jesus und baten ihn, sie zu segnen. Doch die Jünger wurden wütend auf die störenden Frauen und die hier für sie total überflüssigen Kinder. Vermutlich wollten die Herren gerade ein theologisches Gespräch mit Jesus führen. Ausgerechnet die engsten Schüler und Freunde Jesu scheuchten die Frauen und Kinder weg, wie man Hühner verscheucht. Ganz nahe bei Jesus und nichts begriffen. Hier aber bekamen sie es mit ihrem Herrn zu tun. Jesus wurde „unwillig", in Ur-deutsch, er wurde wütend und sagte: „Lasset die Kinder zu mir kommen und hindert sie nicht daran, denn Menschen wie ihnen gehört das Himmelreich" (Markus 10,14). Ein Kampfruf für die Würde der Kinder. Die Kinder gehören bevorzugt zu Gott, er liebt sie unbändig. Hier lässt Jesus keine Widerrede zu.

Und dann kommt der Satz, der mich immer wieder im Herzen und Kopf tief erwischt: „Wer das Reich Gottes nicht empfängt wie ein Kind, der wird nicht hineinkom-men" (Vers 15). Wenn ihr euch nicht völlig umorientiert, passt ihr nicht zu Gott, dann bleibt ihr draußen vor der Tür. So hart wird Jesus bei diesem Thema. Es geht nicht um die stets „lieben Kinder", sie sind es ja gar nicht, sie können ganz schön auf den Nerv gehen. Eltern kennen die schlaflosen Nächte, in denen das liebe kleine Kind wie am Spieß brüllt. Die geliebten Kinder sind gemeint. Ihre Lebensgrundlage ist Vertrauen.

Wir sollen „wie die Kinder werden", um bei Gott Zu-gang zu haben. Doch was heißt das für uns Erwachsene? Kinder sind vor Gott ohne jede selbst erworbene Qualifika-tion, ohne einen Berg guter Werke, auch ohne theologische Kenntnisse und kirchliche Ehren, sie sind einfach Kin-der – wie Kinder eben sind. Fröhlich und frech, neugierig und auf Entdeckungen aus, immer wieder spontan und liebesbedürftig. Doch bei allem abhängig von der Liebe der Eltern, der Fürsorge der Familie, dem Schutz der großen Geschwister. Die Kinder können nichts vorweisen, was in unserer von Geld und Macht besessenen Welt den Eintritt ermöglicht. Und ihnen gehört das Himmelreich.

Diese Schwachheit und Abhängigkeit in der Beziehung zu Gott macht uns die Tür auf zum Reich Gottes. Gemeint ist eine dankbare und frohe Beziehung zu Gott, dem „Vater im Himmel". So sind wir „wie die Kinder". Damit stehen wir mitten im Evangelium, wie Jesus es gelebt und gepredigt hat. Wie gut, dass wir so bei Gott erscheinen dürfen, doch wie notwendig auch, dass wir bewusst umkehren zu dem Gott, der die Kinder liebt. Jeder darf sich von Gott, dem Vater, wie ein Kind in die Arme ziehen lassen. Alle Glaubenden dürfen mit aller Zuversicht „wie die lieben Kinder ihren lieben Vater" anrufen und zu ihm beten, wie Luther es in seinem kleinen Katechismus schreibt.

Ein Plädoyer gegen die Vergesslichkeit

„Lobe den Herrn, meine Seele, und vergiss nicht, was er dir Gutes getan hat" (Psalm 103,2). Dieser Spruch ist ein Wort gegen die Vergesslichkeit. Ich brauche es, weil ich sehr vergesslich bin. Meine Frau schickt mich in die Stadt, ich soll ein paar Sachen einkaufen. Da sie meine Vergesslichkeit kennt, schreibt sie die drei Sachen auf einen Zettel und gibt ihn mir in die Hand. Ich fahre los, doch bereits nach einem Kilometer habe ich die drei Sachen vergessen. Ich grabbele nervös in den Taschen nach dem Zettel, doch er liegt zu Hause auf der Garderobe. Nun denn, ich kann ja rasch mit dem Handy anrufen – doch das ist seit gestern leer, nicht aufgeladen. Dabei wollte ich das doch tun!

Was hilft hier noch? Ich habe eine kleine Methode für die wichtigen Angelegenheiten und Termine des nächsten Tages entwickelt. Um mich am nächsten Morgen daran zu erinnern, mache ich mir einen Knoten ins Taschentuch. Ist es ein wichtiger Anlass, mache ich einen Knoten in einen meiner Strümpfe. Das muss doch wirklich helfen. Wenn es ganz, ganz wichtig ist, würge ich einen Knoten in das große Handtuch, das ich nach der Dusche brauche. Das hat schon manchmal echt geholfen. Wenn ich es dann immer noch nicht weiß, frage ich meine Frau, die weiß immer alles. Doch nun Schluss mit der albernen Selbstanalyse. Sie sind gewiss nicht so vergesslich. Oder?

Der alte Beter von Psalm 103 spricht mit sich selbst, gar nicht direkt zu Gott. Er möchte unbedingt seinen Dank bei Gott abgeben. Darum dieser Befehl an sich selbst: „Lobe den Herrn, meine Seele!" Die Seele ist das Innerste des Menschen in seiner Beziehung zu Gott. Also mehr als der Verstand und das Gefühl. Die Seele kriegt hier einen klaren Befehl. Vielleicht so: Pass auf, dass du nicht wieder alles verpennst, was du an guten Erfahrungen gemacht hast. Reiß dich zusammen, du langweilige Seele in mir und sage zu Gott „Danke". „Kannst du nicht Danke sagen?", fragt die Mama das Kind. Die Tante hat ihm etwas geschenkt, da muss der Kleine doch Danke sagen. So ermahnt der Beter sich selbst.

Ich habe mit Menschen gesprochen, die über die Frage der Dankbarkeit dem Glauben immer näher kamen. „Es muss doch eine Adresse geben, bei der ich mich bedanken kann." So sagte mir eine junge Frau, die „vom Schicksal bevorzugt war", wie man so sagt. Sie hatte wirklich viel Gutes erfahren. Doch das Schicksal ist keine Adresse, an die man sich wenden kann. So kamen wir im Gespräch auf Gott als die Adresse, wo ein Mensch sich bedanken kann. „Vater, ich danke dir, Gott, du bist so gut zu mir." Sie bedankte sich bei mir. Und ich sagte: „Nun packen Sie doch mal die vielen Pakete der Dankbarkeit bei Gott vor die Tür. Er wird es merken und Sie werden froh sein." Danken macht Freude und macht froh.

„Vergiss nicht, was er dir Gutes getan hat." Das Gute ist mehr als das neue Auto, der Kühlschrank, der gute Wein, eine Urlaubsreise. Dies und noch viel mehr gehört zum Guten, das wir als ein Geschenk von Gott empfinden können. Das ganz große Gute ist die liebevolle Annahme durch Gott, das, was man „Frieden mit Gott" nennen kann. All das passt in den Vers aus Psalm 103 hinein. Dankbarkeit ist ein Ausdruck der Freude über das Leben. Wer so dankt, wendet sich Gott zu und kommt bei Gott an.

Von der Selbstverachtung zur Selbstannahme ...

„Wenn ich mich morgens beim Rasieren im Spiegel ansehe, habe ich schon für den ganzen Tag genug." So eröffnete ein junger Mann von etwa 25 Jahren ein sehr
persönliches Gespräch, um das er mich gebeten hatte.
Übrigens sah er prima aus, hätte glatt als Model für ein
nobles Rasierwasser auftreten können. Vermutlich der
Schwarm junger Damen und der Traum von Schwieger-
müttern. Vor allem aber ein sensibler und ehrlicher Gesprächspartner.

Bei seiner Äußerung ging es nicht um das im Spiegel
erkennbare Gesicht, sondern um alles, was hinter diesem
Gesicht verborgen war. Viele junge Menschen kennen
dieses Problem. Gewiss auch älter gewordene Frauen und
Männer, die zurückblicken auf Jahrzehnte und nun ein-
geholt werden von den auf dem Dachboden abgestellten
ungelösten Lebensfragen.

Gestern noch las ich in einem Roman von John Gris-
ham: „Er hat eine Leiche im Keller." Ein schlimmes Bild –
doch muss es ja keine stinkende Geschichte sein, es kann
sich bei uns auch um eine einzige Bitte um Verzeihung
handeln, die wir nie ausgesprochen haben. Oder die trotz
unserer Bitten nicht angenommen wurde. Dadurch sind
schon Freundschaften zerbrochen, Ehen langweilig geworden, Glaubende haben die innere Kraft verloren. So
kommt es oft zum Verlust des Grundgefühls von Aner-
kennung seiner selbst. Ich kann mich nicht mehr mögen.
Ich habe eine echte Identitätskrise.

Der Verlust des Selbstwertgefühls kann sich ganz unterschiedlich zeigen. „Ich bin blöd." „Ich kann nichts
richtig machen." „Ich tauge zu nichts." „Wer kann mich

denn lieben?" „Gott hört mich ja doch nicht." Es liegt eine bleierne Schwere auf dem Gemüt eines Menschen.

Liebe ist das wichtigste Stichwort für die seelische Heilung auf diesem weiten Gebiet. Wie kann einer von der Selbstverachtung und ihrer Steigerung bis zum Selbsthass zu einer ganz neuen Selbstbejahung und Selbstachtung kommen? Durch die Entdeckung der Liebe in ihren vielen Variationen.

„Du sollst Gott lieben ... und deinen Nächsten wie dich selbst" (Lukas 10,27). So wird in der Bibel die innere Klarheit eines Menschenlebens beisammen gehalten. Jesus hat dieses alte Gebot Israels ausdrücklich bestätigt. Das sei die Summe von allem, hat er gesagt. Nur wer geliebt wird, kann lieben. Das bestätigen auch die Psychologen und das weiß der nachdenkende Mensch selbst. Doch die heilende Liebe kommt aus der Tiefe Gottes. Wir sind heiß geliebte Menschen. Gott sei ein „brüllender Ofen voller Liebe", hat Luther gesagt.

Diese Liebe hat Jesus buchstäblich „verkörpert" – bis ans Kreuz. Er liebt den Menschen trotz allem, was er verbrochen und angestellt hat. Wenn das jemand in sein Denken und Fühlen aufnimmt und wirklich ganz ehrlich wird vor Gott, der kann Gott lieben. Wie denn? Er kann ihm einfach danken und sich freuen, diese Liebe erwidern und weitergeben. Nun kann die im großen Gebot genannte Beziehung zum Nächsten entstehen. Wer sich angenommen und geliebt weiß, der kann andere akzeptieren, annehmen, sogar lieben. Das ist die wahre Nächstenliebe. Mit dem Menschen in unserer Nähe so umgehen, wie Gott ihn sieht. „Die Wahrheit ist konkret", schrieb Bertolt Brecht an einen Deckenbalken seiner schwedischen Wohnung. Ein guter Satz, doch noch deutlicher ist: „Die Liebe ist konkret." Was denn auch sonst?

„Wie dich selbst" ist kein Egoismus und kein Narzissmus, bei dem man sich im Spiegel anschaut und sich ganz toll findet. Selbstbespiegelung ist Krampf und führt nur zu neuen Krankheiten der Seele. Sich jedoch von Gott geliebt und anerkannt zu wissen, das ist eine starke Medizin. Sie wirkt besser als alle Tranquilizer der Chemie. Ich stehe mir freiheitlich selbst gegenüber und kann mich im Glauben trennen von dem, was mich kaputt gemacht hat.

„Sich selbst annehmen, sich selbst lieben" – da werde ich frei und vielleicht sogar auch körperlich gesund. Ich habe überraschende Heilungsprozesse bei Menschen beobachtet. Viele leiden unter „psychosomatischen Erkrankungen", die aus der gekränkten Seele hineinreichen in die Organe des Körpers. Oft besonders in die Muskulatur. Es kommt zu einer inneren Heilung, durch die auch der Körper entkrampft wird. Endlich kann einer sich selbst wieder mögen und muss sich nicht selbst verachten.

Paulus schrieb an die Christen in Rom: „Nehmt einander an, wie Christus euch angenommen hat" (Römer 15,7). Die vier Evangelien sind ein großer Kommentar zu diesem „wie Christus". Seine Liebe war bedingungslos, grenzenlos, nicht von Sympathie abhängig. „Kommt alle her zu mir", sagte er, „die ihr müde seid und schwere Lasten tragt, ich will euch Ruhe schenken" (Matthäus 11,28, NLB). Das gilt auch heute noch – so, wie es in einem alten Choral heißt: „All Morgen ist ganz frisch und neu des Herren Gnad und große Treu; sie hat kein End den langen Tag, drauf jeder sich verlassen mag" (Evangelisches Gesangbuch, 440).

Sprechen lernen ...

Der Stauferkaiser Friedrich II., berühmt für seinen Wissensdurst, wollte herausfinden, ob es eine Ursprache gibt, die ein Mensch spricht, wenn er durch nichts von außen beeinflusst wird. So ordnete er ein Experiment an, das dieses Geheimnis lüften könnte, so meinte er. Neugeborene Kinder wurden den Müttern abgenommen und in die Obhut von Ammen gegeben, welche die Babys körperlich gut versorgen sollten. Doch sie durften kein Wort in Gegenwart dieser kleinen Menschen sprechen. Auch kein zärtliches Flüstern, kein Schlaflied, keinen Ton, nichts. Gewiss fiel das den Frauen sehr schwer. Das Experiment brachte ein grausames Ergebnis: Alle Kinder starben innerhalb kurzer Zeit. So weit diese oft erzählte Geschichte.

Sprechen lernen wir nur durch das Sprechen lieber Menschen, die herzlich und zärtlich mit uns reden. Wer neugeborene Kinder in ihrer Entwicklung erlebt hat – die Mütter und Väter natürlich vorweg, doch auch die Geschwister, die Tanten, Onkel und die Paten –, der kann das Staunen lernen. Nach der Phase des Lallens kommt die Zeit, in der erste Töne entstehen, die sich nach und nach zu den Urworten der Beziehung entwickeln. Und plötzlich sagt das liebe Kind erstmals „Mama", „Papa", „Oma", „Opa", und alle sind begeistert. Witze berichten, dass es auch Kinder gibt, die zuerst Auto sagen, doch das dürfte eher ein Gerücht sein ...

Durch Sprache und Sprechen entstehen Beziehungen. Kommunikation hat mit Beziehung, mit Gemeinschaft zu tun. Wir wissen leider, dass Ehen sterben, wenn die beiden Menschen kaum noch miteinander reden oder sich nur noch in „Signallauten" verständigen. „Wo warst du?"

„Was kostet das?" „Wann kommst du nach Hause?" Fast
wie das Wauwau der Hunde und das Miau der Katzen.

Auch Liebe entsteht durch Sprache und durch miteinander reden. Zwei Menschen reden und reden, sie verständigen sich, lernen sich näher kennen, und plötzlich
küssen sie sich erstmals und nun gehören sie zusammen.
Doch darf das Gespräch nicht abbrechen, die Liebe sehnt
sich nach Worten. „Ich mag dich. Bitte, bleibe immer bei
mir." „Kann ich dir helfen?" „Was kann ich heute für dich
tun?" So lernt die Liebe sprechen, eben durch das miteinander Reden.

Der Glaube entsteht wie bei kleinen Kindern durch
Gottes Reden mit uns. Er entsteht nicht aus einem natür-
lichen Urgrund, wie der Staufenkaiser es bei den Neu-
geborenen herausfinden wollte. „Horch, was kommt von
draußen rein", wie bei diesem Satz aus einem Volkslied
ist es mit der Entstehung des persönlichen Glaubens. Ich
hörte eine Predigt und vernahm in dieser Predigt sozusagen meinen Namen aus Gottes Mund durch den Mund
eines Menschen. Dann kamen Gespräche mit Freunden
hinzu, und die Worte von Mutter und Vater wirkten nach,
doch die Initiative kam eindeutig durch das Evangelium
und durch den Heiligen Geist schöpferisch in mein Leben
hinein.

Irgendwann sagt ein Mensch dann: „Abba, lieber Vater", wie der Apostel Paulus es einmal schreibt (Römer 8,15). „Abba" ist das Lallwort der aramäischen Klein-
kinder zur Zeit Jesu. Jesus sprach aramäisch. Ein sehr
inniges Wort, es ist kaum eins zu eins in unsere Sprache
übersetzbar. „Liebes Väterchen", sagen russische Kinder
zu ihrem Vater, wenn sie einander lieben. So darf ein
Mensch zu beten beginnen. Jesus ist gekommen, uns die
Nachricht zu überbringen, dass wir zu Gott „Vater" sa-

gen dürfen. Der Glaube ist eine „Beziehungsgeschichte". Glaubenswahrheiten, Bibelworte und Lieder kommen dazu, doch der Glaube erweist sich noch tiefer als eine „Liebesgeschichte".

Mama Courage

Vor dem Schulhaus meines Heimatdorfes in Schleswig-Holstein exerzierte eine Gruppe von etwa 60 Soldaten. Besser gesagt, sie wurden von einem SS-Offizier mit lautem Gebrüll geschunden. Er war das, was man einen „scharfen Hund" nennt. Die Männer wurden hin und her getrieben. Immer wieder fiel einer von ihnen vor Schwachheit um, sie hatten echt Hunger. Dann wurde er vom Offizier mit dem Stiefel getreten und weiter gescheucht.

Vater baute damals als Soldat an der dänischen Küste Bunker. Vermutlich als körperlich zarter Geistesarbeiter eher störend als wirkungsvoll. Mutter sorgte, so gut es ging, für ihre sechs Kinder, tapfer und mit den durch die Lebensmittelkarten arg begrenzten Kochkünsten jener Jahre kurz vor Ende des Krieges. Wir Kinder zogen uns aus einem Acker in der Nähe oft eine Zuckerrübe heraus und schnitten sie in Scheiben, um den Magen zu trösten.

Draußen ging das Gebrüll weiter. Mutter und ich schauten durch die Gardinen auf den Schulhof. Mutter wurde immer erboster. Da nahm sie das noch nie getragene „Goldene Mutterkreuz", das sie bei der Geburt des sechsten Kindes ungefragt als „Ehrenzeichen" zugeschickt bekommen hatte, aus einer Schublade. Der Nationalsozialismus wurde in unserer Familie verachtet. Vater und seine Freunde sprachen in unserer Wohnung von Hitler als dem „Antichristen" im letzten Buch der Bibel. Abends hörte ich mit Vater den „Feindsender" BBC London. Gefährlich!

Mutter öffnete die große Tür und stand nun drei Stufen erhöht vor dem Offizier und den Soldaten. „Herr Offizier", rief sie laut, „sehen Sie nicht, dass Ihre Männer vor Hunger umfallen? Hören Sie doch auf mit dem Exerzieren. Besorgen Sie ihnen etwas zu essen."

Ich sah, wie der Offizier einen hochroten Kopf bekam und bereits an seiner Pistolentasche nestelte. Ein SS-Offizier wurde öffentlich vor seiner Truppe von einer einfachen Frau zur Verantwortung gerufen. Das war höchste Alarmstufe. Ich kleiner Kerl bekam schreckliche Angst um die Mutter und zog sie an ihrem Rock mit aller Kraft zurück in den Hausflur und ballerte die Tür zu. Gott sei Dank, es hatte keine Folgen, doch diese Geschichte vergesse ich nie mehr. Heute weiß ich, es ging wirklich um Leben und Tod. Gott hat unsere Mutter bewahrt.

Am nächsten Tag stand Mutter wieder am großen Bottich in unserer Waschküche, wo die Suppe für die Soldaten gekocht wurde. Sie tat zusätzlich in die Suppe, was sie bei uns und bei den Nachbarn noch eben auftreiben konnte. Und die Soldaten achteten sie sehr.

Seit diesem Tag irgendwann Ende 1944 weiß ich, was Zivilcourage ist. Diese herrliche Frau war nicht nur couragiert, wie man sagt, sie hatte Zivilcourage. Also den Mut, auch unter Gefahr für eine Überzeugung einzutreten. Sie riskierte damals wirklich ihr Leben, und sie tat es als eine Frau des Glaubens.

Wenige von uns dürften in solche extremen Situationen kommen. Doch gerade Menschen, die in Verbindung zu Gott leben, werden oft zur Zivilcourage herausgefordert, wenn sie nur offene Augen und einen klaren Kopf haben. Gewiss darf man dann auch mit dem katholischen Theologen Hans Küng von der „Christencourage" sprechen, wie er sie einmal in einer Predigt genannt hat.

Das Wort Zivilcourage ist bereits im 16. Jahrhundert aus dem Französischen übernommen worden. „Zivil" geht auf das lateinische „civilis" zurück, was „bürgerlich" und „gemeinnützig" bedeutet. „Courage" bedeutet Mut und Schneid. Durch den Kanzler Otto von Bismarck bekam es die heutige Bedeutung. Er kritisierte seine Deutschen scharf, sie hätten keine Zivilcourage. Er selbst war nach einem heftigen „Kavaliersleben", wie man es damals nannte, im christlichen Freundeskreis seiner künftigen Ehefrau Johanna von Puttkammer zum Glauben an Christus gekommen. Gewiss kannte er also auch die Courage des Glaubens.

Paulus schrieb an die ihm noch nicht persönlich bekannte Gemeinde der Christen in Rom: „Ich schäme mich des Evangeliums nicht; denn es ist eine Kraft Gottes, die selig macht alle, die daran glauben" (Römer 1,16). Der Glaube gab ihm die Courage zur Ausbreitung dieser für die Gebildeten total verrückten Botschaft. Dass Gott sich als Retter der Menschheit durch den gekreuzigten Christus bekannt gemacht hat, war nicht nur etwas total Neues, sondern wohl auch etwas total Verrücktes. „Den Juden ein Ärgernis und den Griechen eine Torheit" (1. Korinther 1,23). Paulus war ein unverschämt mutiger Prediger. Der Jesusgeist gab ihm die Courage.

Dieses Evangelium hat seither die ganze Welt durcheilt und überzeugt in allen Völkern der Erde immer neue Menschen, die sich längst nach Gott sehnen, auch wenn sie es nicht direkt sagen. Die Frage nach dem Sinn des Lebens ist wie bei einer Münze die Rückseite der Frage nach Gott. Oder auch umgekehrt. Der Gekreuzigte lebt und ruft uns zurück zu Gott. Also zum Glauben an Christus. Das ist das Geheimnis des Evangeliums und der Beginn eines neuen Lebens.

Was ist für uns Zivilcourage?

Nur einige Stichworte zum Weiterdenken. Zum Beispiel: Die Wahrheit aussprechen, wo im kleinen Kreis oder auch öffentlich in der Politik und Gesellschaft gelogen und betrogen wird.

Jeder Form von Unterdrückung und Entwürdigung von anderen Menschen offen widerstehen.

Allen antisemitischen Äußerungen, Witzen oder Handlungen mit Mut entgegentreten. Hier sind die Christen extrem gefordert.

Der „Feigheit vor dem Freund" widerstehen, es gibt nicht nur die „Feigheit vor dem Feind".

Als Christen für die Wahrheit mit Namen Jesus Christus eintreten. Er sagte: „Ich bin der Weg und die Wahrheit und das Leben; niemand kommt zum Vater denn durch mich" (Johannes 14,6).

Sich bewusst engagieren für sozial und rassistisch übel behandelte Menschen und Völker. Mit Menschen aus anderen Völkern in unserem Lande anständig und freundlich umgehen.

Offen über den Glauben reden, so wie es Petrus in seinem ersten Brief an die in ganz Kleinasien versprengten kleinen und kleinsten Christengemeinden schrieb, die unter dem Druck einer kritischen Öffentlichkeit leben mussten: „Seid allezeit bereit zur Verantwortung vor jedermann, der von euch Rechenschaft fordert über die Hoffnung, die in euch ist" (1. Petrus 3,15). Also einladend und werbend, nicht aufdringlich und fanatisch über den Glauben reden. Und tun, was wir glauben.

Den Teufelskreis durchbrechen

Ich kann Menschen gut verstehen, die sagen: „Das Christentum ist mir zu schwer, wenn ich es wirklich ernst nehmen soll, und das müsste ich doch wohl im Ernstfall. In guten Stunden und am Sonntag in der Kirche mag es mir ja gelingen, aber wenn es wirklich hart auf hart kommt, ist es für mich nicht zu schaffen, also lasse ich es lieber gleich ganz."

Da ist zum Beispiel das Wort Jesu von der Feindesliebe und gar vom Segnen der Feinde: „Liebt eure Feinde; tut wohl denen, die euch hassen; segnet, die euch verfluchen; bittet für die, die euch beleidigen" (Lukas 6,27–28).

Wer fühlt sich durch dieses Wort nicht radikal überfordert? Ich kann mir keinen Menschen vorstellen, der sagt, das schaffe er schon. Ich mag mir diesen Menschen auch nicht vorstellen, denn er müsste in jedem Fall ein hochmütiger Tropf sein.

Aber war denn Jesus wirklich der einzige Christ, den es je gab, und nach ihm gibt es keinen mehr? So hat man ja gelegentlich schon im Spott gesagt.

Ja, Jesus hat die Feindesliebe gelebt und die gesegnet, die ihn verfluchten, als er am Kreuz für seine Mörder betete: „Vater, vergib ihnen, denn sie wissen nicht, was sie tun!" (Lukas 23,34). Er hat also das Unmögliche getan. Aber offenbar hat er seine Jünger damit nicht entlassen aus der geradezu unglaublichen Provokation: „Segnet, die euch verfluchen." Er hat es ernst gemeint und nicht in die Luft geredet.

Wie aber sollen wir das verstehen und vielleicht sogar tun? Ich wage den Versuch einer kurzen Antwort.

Auf jeden Fall ist es keine Allerweltswahrheit, die für jeden zugänglich ist, wenn er nur guten Willens ist.

Mir scheint, dies Wort kann nur von Menschen verstanden werden, die wissen, dass die Liebe Gottes von Anfang an Feindesliebe war und selbst von dieser Feindesliebe Gottes leben. Der Apostel Paulus schreibt in seinem Brief an die Gemeinde in Rom, dass „wir mit Gott versöhnt worden sind durch den Tod seines Sohnes, als wir noch Feinde waren" (Römer 5,10). Er geht also davon aus, dass wir Gottes Feinde waren, ehe wir durch seine Liebe überwunden worden sind. Ich weiß, das ist keine leichtere Wahrheit, aber sie ist befreiend, wenn wir sie bejahen.

Nun sieht vieles völlig anders aus. Ich kann Menschen, die mir feindlich gesinnt sind und mir Böses wollen, anders einschätzen, als sie sich selbst verstehen. Mein Bild von solchen, die mir kritisch begegnen, reicht viel tiefer als der äußere Augenschein. Jeder Mensch, auch der Feind, ist ein von Christus geliebter Mensch.

Offenbar ist das die Ebene, auf der sich Jesus bewegt und auf die er seine Nachfolger ziehen will.

Nun muss ich offenbar nicht mit Verachtung reagieren, wenn ich verachtet werde. Ich muss nicht zwanghaft zu einem Feind werden, wenn mir jemand feindlich begegnet. Jesus hat das Echogesetz des Bösen unterbrochen. Seine Liebe ist auf Entwaffnung und Versöhnung aus.

Aber wie gesagt, das ist keine Allerweltswahrheit, sondern ein Abenteuer des Glaubens, das von uns gewagt werden will.

Ein kluger Christ hat einmal gesagt: „Nur aus dem Unmöglichen kann die Welt erneuert werden. Dieses Unmögliche ist der Segen Gottes."

Was uns möglich ist, wissen wir inzwischen gründlich. Jeden Tag stehen die Zeitungen davon voll. Was haben wir Menschen uns doch alles angetan im Kleinen und im

Großen! Helfen kann uns offenbar wirklich nur noch das Unmögliche, das nämlich, wozu uns Jesus ermächtigt.

Die meisten von uns werden, so hoffe ich, keine Feinde haben, aber vielleicht herbe Kritiker, und wir alle kennen Konflikte. Jesus ermächtigt uns, die Kettenreaktionen böser Gedanken und Taten auch im Kleinkrieg des Alltags durch den Segen zu unterbrechen. Eine Form dieses Segens ist das Gebet für die Menschen, die uns das Leben schwer machen.

Versuchen wir es zumindest, ob uns das Unmögliche nicht doch möglich ist – eben im Glauben an Jesus!

Heute – der erste Tag vom Rest deines Lebens

„Today is the first day of the rest of your life." – „Heute ist der erste Tag vom Rest deines Lebens."

Ein fieser Spruch, der Angst machen will? Das absolute Gegenteil ist der Fall. Dieser der amerikanischen Nonne Coretta zugesprochene Satz will Mut machen, uns aus den Ecken und Winkeln des Lebens herausholen, er will zu einem bewussten Leben provozieren.

„Ich hänge durch." Das sagte mir gerade jemand. Ich bin „total down" ein anderer. Wir kennen diese Sprüche aus unserer Umgebung und haben sie wohl schon selbst gesagt oder gefühlt.

Dann brauchen wir Menschen und Gedanken, die von außen kommen, um uns von uns selbst zu befreien. So lesen wir den Mutmachsatz der Nonne Coretta. Und diese Wirkung hat er seit vielen Jahren in der ganzen Welt entfaltet.

Die Bibel, das Dokument des Glaubens aller Christen, ist voller Worte und Geschichten, die uns zu neuen und mutigen Schritten nach vorne aufrufen. Darunter auch scheinbar harte Worte, die tief in die Seele gehen. Wer einmal bei der Beerdigung eines geliebten Menschen oder eines Kollegen oder Nachbarn mit der Trauergemeinde auf dem Friedhof am offenen Grab stand, kennt den Satz, den der Geistliche dann spricht: „Lehre uns bedenken, dass wir sterben müssen, auf dass wir klug werden" (Psalm 90,12).

Wieder die Frage, ob uns solche Worte nicht den Lebensmut nehmen, anstatt uns zum Glauben anzustiften, und eher Depressionen auslösen und zur Flucht vor Gott treiben. Diese Denkweise steckt bei Abermillionen Menschen tief in Herz und Hirn.

Und wieder muss das Gegenteil erklärt werden. Es ist ein Wort, das uns in die volle Realität des Lebens ruft und uns die Augen öffnet für Schritte nach vorne ins Leben hinein. Unser Leben ist endlich, das wissen wir, dafür brauchen wir keinen religiösen Glauben. Jede Zeitung bringt täglich Todesanzeigen. Doch diese Wahrheit anzuerkennen und daraus nüchterne Schlüsse zu ziehen, das wird in diesem Wort gefordert. Klug werden, realistisch werden, vernünftig werden, sein Leben planen und gestalten, dagegen wird niemand etwas haben. Doch wohin und wie dieses Leben im Heute läuft, das ist die Frage.

Im Lukasevangelium (Lukas 19,1–8) wird erzählt, dass Jesus durch die Stadt Jericho zog und sich die Menge um ihn versammelte. Der Chef der Zollbehörde der Stadt hieß Zachäus, er hatte von der Besatzungsmacht das Recht und den Auftrag bekommen, die Zöllner an den verschiedenen Zollstellen zu kontrollieren und sie abzukassieren. Ein Jude, der Zöllner der Besatzungsmacht war, konnte nur mit der Verachtung der Bürger rechnen. Zachäus ganz besonders, denn er war reich geworden durch seinen zweifelhaften Job und wohnte mit seiner Familie in einem schönen Haus. Er wollte Jesus gerne sehen, berichtet der Evangelist Lukas, aber er kam nicht durch die Menge.

Er war von kleiner Statur und wollte sich wohl auch nicht den Ellbogenchecks und den vor Zorn erfüllten Augen der Menschen aussetzen. Er stieg rasch auf einen Maulbeerbaum, der breite Äste hatte und ihm den Überblick verschaffte. Nun sah er Jesus, den er so gerne sehen wollte. Wohl nicht nur optisch, sondern in seinem Herzen auch als den Mann der Predigt von der Liebe Gottes.

Plötzlich passierte es, Zachäus fiel gewiss fast vor Schreck vom Baum. Jesus sah Zachäus und rief ihn beim

Namen: „Zachäus, steig eilend herunter; denn ich muss heute in deinem Haus einkehren." Urplötzlich stand dieser Oberzöllner im Mittelpunkt des Interesses, alle sahen ihn an, Jesus hatte ihn gerufen.

Warum wollte Jesus zu Zachäus? Weil er ein schönes Haus hatte mit genug Platz für ihn und seine Jünger? Das gewiss nicht, doch es war eine Demonstration der Freundlichkeit Gottes, der Sehnsucht Gottes nach allen Menschen, auch nach Zachäus.

So saß Jesus am Tisch des Oberzöllners von Jericho; für die Bürger und vor allem für die Schriftgelehrten eine absolut verrückte Situation. Sie diskutierten und knurrten in ihre Bärte und wurden gewiss auch laut. „Er ist bei einem Sünder zu Gast", sagten sie. Bei einem Verachteten also, bei einem Outsider und Gottlosen. Das war die Überzeugung aller Frommen jener Zeit. Jesus aß und trank nicht nur mit Zachäus und seiner Familie, sondern führte ein intensives Gespräch mit diesem Mann, der wirklich kein sauberer Knabe war. Er erlebte die innere Befreiung durch Jesus und zog Konsequenzen für die Klärung seiner finanziellen Schwindeleien. Jesus wusste wohl, was draußen vor der Tür abging, und sagte laut und deutlich, dass alle es hören konnten: „Heute ist diesem Haus Heil widerfahren, denn auch er ist Abrahams Sohn."

Ein Freudenfest im Haus des großen Sünders. Seit 2000 Jahren wird diese Geschichte immer wieder erzählt und gepredigt. Viele haben durch sie den Mut zum Glauben an Jesus Christus und so an Gott gefunden. Sie wurden auf die verschiedenste Weise vom Ruf zum Glauben erreicht, manche regelrecht erwischt, ganz überraschend und höchst erfreulich. So geht der Ruf weiter durch alle Völker und die ganze Menschheit und an jeden, der das hier liest:... komm schnell heraus aus deiner Distanz zu

Gott, du musst nicht fliehen, sollst dich nicht verstecken müssen, heute und jetzt beginnt dein Leben ganz neu.

„Today is the first day of the rest of your life."

Das große „Heute" Gottes für die ganze Welt und das ganz persönliche „Heute" für jeden Menschen. Auch für mich und dich.

121

Frequenzstörungen

Als der Papst im Sommer 2006 Bayern besuchte, gebrauchte er bei einer seiner Predigten ein Bild, das bei mir hängen geblieben ist. Wir hätten Probleme mit dem Hören auf die Stimme Gottes, weil sich zu viele fremde Frequenzen in unser Hören einmischten, sagte er. Ich nenne das „Wellensalat" im Kopf und im Herzen. Vom Wellensalat sprach er nicht, doch ich habe es so verstanden.

Wir leben ja tatsächlich in einer lärmenden Welt. Und oft genug stellen wir den Lärm selbst her. Ich kenne nette Leute, die morgens gleich nach dem Sprung aus dem Bett den Radioknopf drücken. Ab nun geht die Geräuschkulisse so weiter, beim Frühstück, auch im Auto auf der Fahrt zur und von der Arbeit. Gegen Abend kommen sofort die laufenden Bilder des Fernsehens dazu. So sitzt dieser liebe Mensch also in jeder freien Minute des Tages in einer Art Käseglocke von Tönen und Bildern. Kann Gottes stille Stimme diese lärmenden Frequenzen noch durchbrechen? Auf welcher Frequenz sendet Gott?

Papst Benedikt XVI. meinte gewiss nicht, dass wir die Stimme Gottes wie die Stimme eines Radiosprechers hören. Hier geht es nicht um einen akustischen Vorgang, sondern um eine spirituelle Erfahrung. Sie kann durch das Medium einer Rede oder einer Predigt ganz still in uns ankommen. Wer viele Jahre öffentlich von Gott und den Menschen, von Christus und der Befreiung des Menschen durch den Glauben gesprochen hat, hörte es manchmal: „Sie haben in Ihrem Vortrag (oder Ihrer Predigt) ständig von mir gesprochen." Dabei kannte der Redner diesen Menschen nicht, wusste nichts über seine Probleme, doch vollzog sich ganz verborgen eine Übersetzung in Herz und Verstand des Hörers. Die Bibel deutet dieses Erleben als eine Wirkung des heiligen Geistes, der das Reden Gottes in uns hineinträgt. Das kann, Gott sei Dank, auch in einer lauten Welt geschehen.

Die Stimme Gottes kann auf ganz unterschiedliche Weise in uns ankommen. Etwa beim Hören eines Songs, beim Gespräch mit einem Freund oder beim Lesen eines Buches. Sogar beim Anschauen eines Films, der uns direkt anspricht. „Ich habe dich bei deinem Namen gerufen, du bist mein." So lese ich es im Prophetenbuch des Jesaja im 1. Vers des 43. Kapitels. Das Wort klingt wie eine Liebeserklärung und ist es auch. Gott sucht und ruft uns.

Da ruft jemand mitten im Geklirre, Gemurmel und Gedröhne einer Bahnhofshalle den Vornamen eines Freundes oder des geliebten Menschen. Und – er oder sie hört die Stimme, weil sie einen Widerhall in der Membran des Herzens erzeugt. Das ist nicht erfunden, ich habe es erlebt, viele andere gewiss auch. Es gibt also ein geheimnisvolles Hören auch im Lärm der Städte, Schulen und Betriebe, wenn Gott uns beim Namen ruft. Es kann sogar durch gedruckte Worte hindurch geschehen. Wie oft kommt in den Glaubensgeschichten von Menschen das Wort „zufällig" vor. Diese Erfahrungen waren die Überraschung, die Gott im Leben eines Menschen schenkte.

Der Franzose Antoine de Saint-Exupéry schrieb: „Man sieht nur mit dem Herzen gut." Die Abwandlung könnte gewiss in seinem Sinne lauten: „Man hört nur mit dem Herzen gut." Hier geht es um Stille. Nicht um mystische Versenkung, sondern um ein Alleinsein mit sich selbst und wohl auch mit einem vertrauten Menschen. Sogar im gemeinsamen Schweigen, wie Liebende es kennen. „Meine Schafe hören meine Stimme", sagt Jesus in seiner großen Rede vom Hirten und seinen Schafen (Johannes 10,27).

Es ist so, als ob wir unser Radio auf einen bestimmten Sender einstellen. So wie damals, als es noch keine automatische Suchfunktion in den Geräten gab. Da ging es um Feineinstellung, weil sich oft fremde Frequenzen einmischten. Ich stelle mich ein auf Gott. Es ist zu empfehlen, dies etwa durch das Meditieren eines Bibelwortes zu tun. Versuchen wir es doch erstmalig oder wieder ganz neu. Ganz überraschend kann man sich dabei sehr direkt angesprochen fühlen: Hier bin ich gemeint.

Im ostafrikanischen Tansania traf ich die „Bibelfrauen". Sie zogen von Dorf zu Dorf und versammelten sich mit den Frauen unter einem großen Baum in der Mitte des Ortes. Sie sangen, lasen sich Geschichten und Worte der Bibel vor, sprachen darüber und beteten miteinander. Einer der Männer, die im „Bierhaus" saßen, rief einer Frau aus dem Nachbardorf zu: „Du kannst doch lesen, warum liest du immer in diesem Buch und nicht in anderen Büchern?" „Ja", rief sie zurück, „du hast recht, ich kann auch andere Bücher lesen, doch nur dieses Buch liest mich." Nur dieses Buch liest mich!

Eine für mich faszinierende kleine Geschichte. Diese afrikanische Frau hörte die Stimme Gottes durch die Worte der Bibel. Sie erlebte eine Art Kommunikation mit Gott. Ich wage zu versprechen: Lesen Sie ein halbes Jahr lang jeden Tag mit innerer Hörbereitschaft einen Abschnitt aus der Bibel und Sie werden sich wundern über die Verwandlungen in Ihrem Denken und Handeln.

Lebst du schon oder schläfst du noch?

Der Geschäftsführer eines großen Kaufhauses hatte Ärger mit sich selbst. Immer wieder kam er zu spät ins Büro, weil er verschlief. Wenn er dann etwas zerzaust ankam, begrüßte ihn die Sekretärin mit einem leicht ironischen Lächeln, doch hielt sie stets einen starken Kaffee für ihn bereit. Um der Peinlichkeit ein Ende zu machen, ging er in die Uhrenabteilung des Hauses und entlieh sich gegen Quittung fünf Wecker. Am Abend stellte er sie so ein, dass sie im Abstand von zwei Minuten klingelten, und verteilte sie strategisch in seinem Schlafzimmer. Jetzt würde es endlich anders werden. Dachte er. Doch als er am nächsten Morgen erwachte, hatte er wieder verschlafen. Zwar hatten alle Uhren ihren Dienst getan, aber er hatte sie nicht gehört. Wieder im Büro fragte er seine Sekretärin verzweifelt, was er denn tun solle. „Heiraten", sagte sie und lächelte besonders freundlich. Woher ich die Geschichte habe? Aus der Tageszeitung, Abteilung Vermischtes. Wirklich passiert? Wenn nicht, dann gut erfunden.

Verschlafen kann man am Morgen eines Tages, man kann aber auch sein ganzes Leben verschlafen. Dann wird so eine lustige Geschichte zu einer philosophischen und gewiss auch religiösen Frage. Da hat jemand das Abitur geschafft, vielleicht auch zwei Staatsexamen, hat seinen Doktortitel in der Tasche – und hat dennoch die entscheidende Frage seiner Existenz verschlafen: Was ist mein Leben wirklich? Diese Frage gilt auch für Leute ohne Abitur, für ehrenwerte Leute auf allen Ebenen, hinter allen Verpackungen. Man kann im Leben kompetent und anerkannt sein und dennoch im Kern ein Verschlafener. Man kann durchaus sympathisch und beliebt sein, doch unter dem Strich jemand, der weit unter dem Niveau lebt, das Gott für ihn vorgesehen hat.

Ich kann alle äußeren Eigenschaften eines Christen an mir haben, doch bin ich noch nie vor Gott selbst aufgewacht. Ich sitze immer noch wie Adam im Gebüsch. Gott ruft und ruft seit Jahren, vielleicht schon seit Jahrzehnten: „Adam, wo bist du?" Adam heißt Mensch, Eva ist mit gemeint. Aber Adam und Eva haben sich versteckt. Nicht hinter Büschen im Paradies, sondern hinter Bergen von Akten und Sitzungen und Tagungen. Vor allem hinter dem Terminkalender. Es gibt Gelegenheiten genug, um sich zu verstecken. Vor Gott und sogar vor sich selbst. „Ausflüchte" nennt man solch billige Entschuldigungen.

Bis dann etwas geschieht, womit er oder sie kaum gerechnet haben. Es geschieht „Erweckung". Eine Erweckung durch Gott. Diese bewirkt Gott durch sein Wort und seinen Heiligen Geist. Adam und Eva von heute kommen in die Nähe des Wortes und des Geistes Gottes. Wie auch immer. Da geschieht es. Die Revolution ihres Lebens. Die Erweckung aus dem Todesschlaf.

Es gab in der Geschichte der Kirche einige große Erweckungen. Amerika wurde von drei großen Glaubensbewegungen geprägt, die dort bis heute nachwirken. Auch in Deutschland gab es solche Ereignisse, deren Spuren man heute noch entdecken kann. Viele Christen im Lande beten still: „Herr, erwecke deine Kirche und fange bei mir an." Es gibt auch ganz persönliche Erweckungen. Keine emotionalen Aufgeregtheiten oder gar religiöse Hysterien. Ohne Emotionen geschieht es nicht, doch alles bei klarem Verstand. Ein Mensch kommt zum Glauben. Weil der Glaube durch Christus zu uns kam (Galater 3,23+25). Anschluss an Christus gewinnen heißt glauben.

Im Brief an die Gemeinde zu Ephesus steht ein prophetischer Satz, der aus der Erfahrung der frühen Christen stammen wird: „Wach auf, der du schläfst, und steh auf von den Toten, so wird dich Christus erleuchten" (Epheser 5,14). Das ist im Kern gemeint. Menschen werden aus dem Tiefschlaf des Unglaubens und sogar aus dem Tod der Trennung von Gott ins Licht eines neuen Tages gerufen. Und sie erfahren, was der Glaube an den lebendigen Christus wirklich ist. Als einmal Missionare die Bibel in eine Stammessprache übersetzten, fragten sie die einheimischen Christen, wie sie das Wort Erweckung übersetzen sollten. Sie sagten: „Wach werden für Jesus." So steht es seitdem in der Bibel dieses Volkes. Ein starker Satz, den ich in Jahrzehnten nicht vergessen habe.

In seinen Erklärungen zum Glaubensbekenntnis der Christen schreibt Martin Luther: „Ich glaube, dass ich nicht aus eigener Kraft noch Vernunft an Jesus Christus als meinen Herrn glauben oder zu ihm kommen kann; sondern der heilige Geist hat mich durch das Evangelium berufen, mit seinen Gaben erleuchtet..." Gott selbst weckt uns auf. Das ist gemeint. Es soll hell werden in einem Menschen. Ihm soll ein Licht aufgesteckt werden. Es darf in unserem Leben zu einer persönlichen Gottesbeziehung kommen.

Der Wecker schellt. Es ist so weit. Raus aus dem Todesschlaf der verpennten Gottesbeziehung. Das neue Leben beginnt.

Selbstbewusstsein

„Als ich ein Kind war, sagte meine Mutter zu mir: ‚Wirst du Soldat, so wirst du General werden. Wirst du ein Mönch, so wirst du Papst werden.' Ich wollte Maler werden, und ich bin Picasso geworden."

(Pablo Picasso, 1881–1973)

Er scheint ein beneidenswertes Selbstbewusstsein gehabt zu haben. Picasso hatte bei allen Stürmen und Verrücktheiten seiner Kunst, wie die Bürger sie oft entsetzt beurteilten, eine Sicht, die über die Malerei hinausging. Er nutzte die Möglichkeiten des Surrealismus zur Darstellung psychischer Erfahrungen des Menschen in der Neuzeit. Sein mehrfach geschaffener „Frauenkopf" mit dem immer wieder anders gespaltenen Antlitz, hinter dem eigentlich das Modell einer sehr schönen jungen Frau steckte, bekam für mich einen beinahe theologischen Charakter. Wer viel mit angsterfüllten, schuldbewussten und seelisch, gar religiös gestörten Menschen gesprochen und sie auch begleitet hat, lernt die Bilder des Pablo Picasso bewusster sehen. Die Zerrissenheit des Menschen müsste jedem bekannt sein. So glatt wie eine junge Haut sind wir Menschen eben nicht in den Hintergründen unseres Seins.

Seit der Picasso-Story am Anfang sind wir jetzt schon mittendrin im Thema „Selbstbewusstsein". Sie hat ein „gesundes Selbstbewusstsein", sagt man, oder auch: er hat ein „gestörtes Selbstbewusstsein". Das Wort hat jedoch schon einen Ton, der uns im Denken weiterhilft: „Sich seiner selbst bewusst sein." Wie aber das?

Sehr viele Menschen, gleich welchen Alters und welcher sozialen Herkunft, leiden unter einem Mangel an Selbstbewusstsein. Das wirkt sich bereits in der Schule aus, doch dann auch bei Prüfungen und Examen, bei persönlichen Bewerbungen und gewiss auch in ganz nahen Beziehungen. Er oder sie ist sich seiner/ihrer selbst nicht gewiss. Ich bin doch zu dick, zu dünn, zu ungebildet oder zu jung, zu alt, zu hässlich, zu blass oder ich werde ständig rot. Manche ahnen kaum, wie stark Menschen an sich selbst leiden können und sich in Ecken verkriechen, weil sie sich selbst nicht mögen. Psychologen sprechen von der Tendenz zum Selbsthass. Ich habe mit Frauen gesprochen, die sich selbst den Körper zerkratzten. Sie verachteten sich, sie hatten einen schweren Verlust an Selbstbewusstsein erlitten.

Es ist zentral wichtig für unser Leben, dass wir es lernen uns selbst anzuerkennen, ja uns sogar selbst zu lieben. Was mit falschem Stolz absolut nichts zu tun hat, sondern mit innerem Frieden. Mit einem Wissen über sich selbst, das mehr ist als das eigene Bild im Spiegel an der Wand.

Pablo Picasso ist ein Genie der Kunst gewesen, ob er ein glücklicher Mensch war, ist eine ganz andere Frage. Seine Biografie war reichlich turbulent. Es gab Brüche und Zerstörung von Beziehungen. Künstler müssen so sein, sagt man. Stimmt das? Doch auch er hatte Sehnsucht nach „dem Verlorenen". Auch dafür gibt es Hinweise.

Ich möchte ein Mensch sein, der sich freut, dass er leben darf, der auch einmal richtig froh ist, wenn ihm etwas gelungen ist. Nein, kein spießiger Langweiler, das um Gottes willen nicht. Doch möchte ich ein Mensch bleiben, der sich in seiner Beziehung zu Gott erkennt und so sein Selbstbewusstsein findet. Ich bin überzeugt, dass der Mensch erst im vollen Sinne Mensch ist, wenn er seinen Schöpfer kennt und ihm für sein Leben dankt. Wir sind kein aus der Flugbahn geratener Satellit, der irgendwann im Nichts verglüht. Wir sind Geschöpfe, die von Gott nie aufgegeben werden. Er bleibt mit uns in „Funkkontakt". Das ist der Grundwert unseres Lebens. Unüberbietbar kommt hinzu, dass der Eine für uns am Kreuz starb und an Ostern wieder auferstand von den Toten. Das zusammen ist die absolute Basisbotschaft für mich und dich. Damit kann ein Mensch leben lernen.

Von Jesus Christus sagt der Apostel Paulus: „Er ist das Ebenbild des unsichtbaren Gottes, der Erstgeborene vor aller Schöpfung" (Kolosser 1,15). Wohlgemerkt, der Mensch Jesus von Nazareth ist gemeint. So tief ist Gott zu uns gekommen, so sehr sind wir gewürdigt worden durch Christus. Wer Jesus ansieht, der wird sich auch seiner selbst wieder bewusst. Weil uns durch ihn der liebende Gott ansieht. Da sieht ein Mensch sich gesund. Welch ein heilender Anblick!

Selbstbewusstsein hat für Glaubende mit Christusbewusstsein zu tun. Er ist der Zurechtbringer eines zerstörten Selbstbewusstseins. Er beschenkt uns Menschen mit einer Würde, die größer ist als alles, was auf unserer Erde sonst würdig ist. „Jeder ist einen Christus wert", hat der Theologe Siegfried Kettling geschrieben. Das ist Menschenwürde pur.

Ich würde keinen Orden annehmen, wozu auch kein Anlass besteht, doch diese Würde mit Namen Jesus, die nehme ich unsagbar dankbar an. Aus diesem Bewusstsein kann nun auch ein gesundes Selbstbewusstsein wachsen. Der Glaube wird zum Motor unserer ganz persönlichen Lebensgestaltung. Wir entdecken unsere Begabungen ganz neu. Das Gebet wird zur Leitlinie im Alltag.

Gewiss aber gibt es spürbare Veränderungen im Verhältnis zu Freunden und dem geliebten Menschen. Sogar die Beziehung zu Kritikern und gar Feinden wird sich verändern. Auf jeden Fall muss ich mein Selbstbewusstsein nicht mehr durch Leistung selbst herstellen. Dieser Krampf ist weg, das befreit mich in allen Bereichen des Lebens. Nein, ich werde nicht fehlerlos, bleibe ein Mensch, der Vergebung braucht wie das tägliche Brot, doch ich kann mich im Glauben selbst bejahen. Nun bin ich auch „meiner selbst bewusst".

131

hoffen und froh sein

Die seltsame Faszination des Kreuzes

Wir kennen die kleinen Kreuze an den Straßen, die von den Familien oder Freunden eines im Verkehr tödlich verunglückten Menschen aufgestellt wurden. Oft sieht man, dass sie mit frischen Blumen versehen sind. Das Kreuz als ein liebevolles Zeichen der trauernden Erinnerung.

Die amerikanische Sängerin Madonna hat eine merkwürdige Neigung zur Dekoration ihres Körpers mit extrem großen Kreuzen. Sie selbst folgt einem religiösen Kult, der dem christlichen Glauben fern ist. Dennoch bleibt die Frage, warum das Kreuz in unserem Kulturkreis eine derartige Verbreitung als Schmuckmotiv gefunden hat. Nicht nur als Schmuck der Frauen, sondern nicht selten auch bei Männern, die es sich mit einer Kordel oder Kette um den Hals hängen. Manche lassen es sich tätowieren. Ist es wirklich nur eine total oberflächliche Gewohnheit, oder hat es eben doch eine verborgene Faszination, die tiefer in uns sitzt, als wir selbst ahnen?

Schweigen möchten wir von dem entsetzlichen Missbrauch des Kreuzsymbols beim Militär und in den Kriegen. Beim Militär des Nazireiches gab es das „Eiserne Kreuz" in verschiedenen Klassen, das „Ritterkreuz" als besonders hohe Auszeichnung für Tapferkeit im Kampf und auch noch das „Ritterkreuz mit Eichenlaub und Brillanten". Alles vorbei. Das Reich sollte 1000 Jahre dauern und ging nach 12 Jahren entsetzlich zugrunde. Gott sei Dank. Doch unzählige Kreuze gefallener Väter und Söhne standen auf den Friedhöfen fast der ganzen Welt.

Im Bereich des Christentums ist das Kreuz kulturell gesehen ein Zeichen der Trauer, des Verlustes, des tiefen Ernstes. Doch ist es mehr als alles, was Menschen jemals positiv oder negativ mit diesem Symbol angestellt haben.

Am Kreuz von Golgatha draußen vor Jerusalem hing Jesus und starb mit dem Ruf: „Mein Gott, mein Gott, warum hast du mich verlassen?" (Matthäus 27,46; Markus 15,34).

Durch Jesus ist Gott in die tiefste Tiefe gekommen. Tiefer geht es nicht. Der Sohn des Vaters von Gott verlassen, wer könnte das erfinden?

Die Kreuzesworte sind ein Konzentrat der Botschaft vom Gekreuzigten. Jesus stirbt als der Sohn Gottes durch Menschen für alle Menschen. In dieses Sterben packt Gott alle Schuld und Gottlosigkeit und Verzweiflung aller Menschen aller Zeiten. Rückwärts und vorwärts. Auch meine und Ihre – Gott sei Dank. „Gott war in Christus und versöhnte die Welt mit sich" (2. Korinther 5,19). Nicht wir müssen uns mit Gott versöhnen, den wir so hintergangen, beleidigt, belogen und betrogen haben, sondern Gott selbst hat diese Versöhnung mit sich im Sterben des Gottessohnes am Kreuz vollzogen. So lautet das Jesus-Christus-Evangelium. Paulus ist der große Kreuzestheologe, er verkündet und lehrt „das Wort vom Kreuz". Für ihn ist es das zentrale Geschehen für alle Welt und jeden Menschen. Doch es bleibt für die einen ein „Skandalon", doch für alle, die Gott vertrauen, eine „Dynamis", eine Gotteskraft (1. Korinther 1,18). „Durch seine Wunden sind wir geheilt" (Jesaja 53,5).

Die Faszination und unbeschreiblich große Dankbarkeit für diese Bedeutung des Kreuzestodes Jesu Christi könnte der tiefe Ton bei allem künstlerischen und rituellen Gebrauch des Kreuzzeichens sein. Doch dann vermutlich mit einem Geschäftseinbruch in der Schmuckbranche. Manchmal habe ich Frauen, Mädchen oder auch Männer direkt gefragt, warum sie sich mit dem Bild des schlimmsten römischen Hinrichtungsinstruments schmücken, das es damals gab. Nur wenige wussten es. So ist es für diese

Mitmenschen wohl doch nur eine höchst seltsame Verwendung als Schmuck?

Wir können jedoch alle mitten im Leben die für uns ganz neue Wahrheit begreifen, eben „zum Glauben kommen" an den Gekreuzigten als unseren Zurechtbringer mit Gott. Dann aber gewiss durch eine tiefgreifende Krise unserer bisherigen Religiosität. An unserer Stellung zum gekreuzigten Jesus entscheidet sich unsere Beziehung zu Gott. Ob wir Christen oder eben nur religiöse Menschen sind. Ohne den Zuspruch der Liebe und Vergebung des Gekreuzigten könnte ich nicht jenseits der Todesgrenze vor Gott erscheinen. Wer denn wohl?

Das Kreuz Christi ist das Thema in der Passionszeit. Doch auch der Karfreitag ist ein Freudentag. Wenn wir zum Kreuz Jesu kommen. Es ist keine nachgeholte Beerdigungsfeier für Jesus. Denn der Gekreuzigte lebt.

Barabbas rennt

Der Prozess gegen Jesus geht ins Endstadium. Die Luft knistert wie vor einem Gewitter. Unter den Zuschauern des öffentlichen Prozesses wird es immer lauter. Volkes Stimme! Wer den Film von Mel Gibson: „Die Passion Christi" gesehen hat, wird es sich gut vorstellen können. Doch es geht hier nicht um Kino, sondern um den realen Prozess gegen Jesus, den Sohn Gottes. Man kann alles in den Passionsgeschichten der vier Evangelien in Ruhe nachlesen.

Es gibt im Prozess ein Problem, das eigentlich zur Aufhebung führen müsste: Die Schuldfrage ist nicht klar. Die fromme Elite will Jesus endlich ans Kreuz bringen, doch dieses Urteil kann nur der Statthalter des römischen Kaisers sprechen. Pilatus – so heißt er – ist jedoch nicht von der Schuld dieses Jesus überzeugt. Ihm ist längst klar, dass die Frommen und die Theologen Jesus einfach loswerden wollen. Er hat ihnen schon immer im Wege gestanden. Er war ein freier Mann, der mit großer Überzeugungskraft von Gott sprach und sich um die Außenseiter der Gesellschaft kümmerte. Mit den oft niederdrückenden Gesetzen der Religion ging er in souveräner Freiheit um.

Am Sabbat durfte Jesus nicht einmal einen Kranken heilen, er tat es aber immer wieder. Das war insgesamt seine Art. Er sprach nicht nur von der Liebe Gottes, er lebte sie konkret. So war er für die Frommen und Religionsführer zum Feind geworden. Er verführte das Volk zu einem ganz neuen Gottesverständnis, so befürchteten sie. Aus ihrem engen Blickwinkel hatten sie ja recht. Jesus zeigte ihnen Gott als den Vater, den Erbarmer, den Helfer und nicht als den Unterdrücker.

Dieses und vieles mehr musste jetzt endlich ein Ende finden. So konnte es nicht weitergehen. Glauben, dass Gott die Schwachen und Gescheiterten liebt, dass man ohne besondere Anstrengungen und Leistungen zu ihm kommen kann und „Vater" zu Gott sagen darf, das war unerträglich für die Verantwortlichen und die ernsten Gläubigen. Die Religion drohte durch diesen Mann aus dem Ruder zu laufen. Er wurde zur Gefahr. So viel Liebe und Freiheit passt nicht in die Welt, dachten seine Feinde.

Dem Gouverneur Pilatus wird dieser Prozess unheimlich. Er fürchtet einen Aufstand unter den Zuschauern des öffentlichen Ereignisses, der sich dann in der ganzen Provinz ausbreitet. Das würde dann auch bald in Rom bekannt werden. Nur das nicht. Außerdem nervt ihn seine Frau. Sie hat einen Traum gehabt, in dem sie erfuhr, dass Jesus unschuldig sei. Sie warnt ihren Mann, er solle Jesus nicht zum Kreuzestod verurteilen. Aber er entwickelt keine Entscheidungskraft, er hat wohl auch Angst, dass er seinen Einfluss im Lande verliert. Alles steht auf der Kippe durch diesen merkwürdigen Jesus. Irgendwie hat er Achtung vor ihm, doch er nutzt seine politische und juristische Freiheit nicht. Er ist ein Feigling.

Da kommt dem schlauen Provinzpolitiker eine Idee. Er hat das Recht, dem Volk jährlich einen „Ersatzmann" für eine Hinrichtung anzubieten. So lässt er Barabbas vorführen, einen harten Burschen, der bei einem Aufstand gefasst wurde und bereits in der Todeszelle saß. „Wen wollt ihr", fragt Pilatus die Volksmenge, „Jesus oder Barabbas?" Ein großes Gemurre und Gemurmel geht los unter den Leuten, die Hetzer gegen Jesus wiegeln das Volk auf. Wie ein giftiges Gas verbreitet sich der Hass gegen Jesus. Unbegreiflich, doch es geschieht.

Da fragt Pilatus erneut, und sie brüllen und kreischen: „Gib uns Barabbas frei und lass Jesus kreuzigen." „Kreuzigt ihn, kreuzigt ihn!" – so dröhnt es laut im Gerichtshof und hinaus auf die umliegenden Straßen.

Da gibt Pilatus den Barabbas frei und lässt Jesus „geißeln", das war eine grausame Folter. Und er ordnet die Kreuzigung Jesu an. Aber Barabbas rennt davon, was die Beine hergeben. Er kann es immer noch nicht recht glauben, blickt sich um, doch niemand folgt ihm. Barabbas rennt und rennt und rennt und rennt in die Freiheit. Der Schuldige ist frei und der Unschuldige stirbt. Sein Leben lang wird Barabbas es nicht mehr vergessen. Ich bin frei, weil ein anderer für mich starb. Jesus starb an meiner Stelle.

Die Geschichte von der Freilassung des Barabbas fasziniert mich, solange ich Christ bin. Warum? Weil sie mir zeigt, was durch das Sterben Jesu auch für mich geschah. Ich fühle mich tief mit Barabbas verwandt, er ist mein Bruder. Auch ich bin frei, weil Jesus für mich starb. Jeder Mensch darf das für sich in Anspruch nehmen. Im Vertrauen auf das freisprechende Evangelium. Barabbas ist ein Beispiel des Glaubens für alle Hörer der Freiheitsbotschaft des christlichen Evangeliums. Nicht sein Tun meine ich, das war gewiss übel, doch dass er den Freispruch bekommt. Damals ein juristischer Akt, doch in einer Übertragung sehe ich die Erfahrung des Glaubens. Die Amnestie, weil Jesus für ihn stirbt. Er rennt in die Freiheit.

Stellvertretung ist ein starkes Wort des Glaubens. Jesus starb „für uns", „für mich", „für alle" – jedem gilt sein Sterben. Darum ist das Sterben Jesu Christi für die Christen das größte Ereignis der Weltgeschichte. Wir sind ja nicht nur für eine kurze Lebenszeit befreit – wie Barabbas – sondern bis in alle Ewigkeit. Die befreienden Folgen des

Todes Jesu Christi reichen bis ins ewige Gericht. Da wird
Jesus „für dich" und „für mich" einstehen und sagen: „Er
ist frei, ich starb für ihn." Renne, renne, renne wie Barabbas in die Freiheit!

141

Ostern und die Folgen

Ostern – nur eine Erinnerung an die Auferstehung von Jesus? Nein, weil Jesus heute noch lebt, kann bei jedem einzelnen Menschen das Oster-Wunder geschehen: Er kann „wiedergeboren" werden. Wiedergeboren.

So nennt der Apostel Petrus die Umkehrung aller Dinge im Leben eines Menschen und der Christen insgesamt: „... wiedergeboren ... zu einer lebendigen Hoffnung durch die Auferstehung Jesu Christi von den Toten" (1. Petrus 1,3). In der berühmten Nikodemus-Geschichte sagt Jesus zu dem klugen Theologen: „Es sei denn, dass jemand von neuem geboren werde, anders kann er das Reich Gottes nicht erkennen" (Johannes 3,3). Die Wiedergeburt ist ein Wunder Gottes mitten im Leben eines Menschen. Er wird hineingezogen in das Geschehen der Auferstehung Christi von den Toten. Es geschieht in ihm eine Revolution des Geistes.

Kann der Mensch etwas dazu beitragen? Nein, hier kommt alles von Gott her zu uns. Niemand hat sich selbst gezeugt und selbst geboren, so ist es auch bei dieser Geburt. Gott ist der Handelnde, doch er handelt an uns. Durch die Wirkung der Auferstehung Christi und durch den erneuernden Geist, den Gott uns schenkt, entsteht eine total neue Situation des Menschen vor Gott.

Also keine Forderung, jedoch eine Ermutigung. Wir können Gott darum bitten, und er wird uns gerne erhören. „Mein Gott, ich bitte dich um eine gründliche Erneuerung meines Lebens durch deinen Geist." Da erblickt ein kleiner Mensch das Licht der neuen Welt, er ist geboren. Wir sind dann also „wie neugeborene Kinder" (1. Petrus 2,2). Nicht kindisch ist gemeint, sondern ein erwachsener Mensch darf sein Leben mitten im Leben noch einmal neu beginnen. Vielleicht ist er bereits 60 Jahre alt, jünger nach Jahren wird er nun nicht mehr, doch er begreift sein Leben neu, sieht alles unter einem neuen Vorzeichen. Er wird sterben wie alle Menschen, doch ist nun das Grab nicht die Endstation seines Lebens, sondern der Durchgang in das ewige Leben. Das Evangelium des Johannes spricht vom „ewigen Leben", wenn es den Glauben eines Menschen an Jesus Christus meint. Es beginnt also weit vor dem Sterben und wird auch durch das Sterben nicht beendet. Das ist die „lebendige Hoffnung", von der Petrus wohl schon in den sechziger Jahren nach Christi Geburt aus Rom geschrieben hat (1. Petrus 1,3). Er war ein Mutmacher der Christen in der wohl gerade beginnenden heftigen Verfolgungszeit unter dem Kaiser Nero.

Wir erfahren die Erneuerung vielleicht zuerst als Sehnsucht, doch dann auch als konkrete Erfahrung. Der Dichter Manfred Hausmann ging mit seinem Vater in einen Gottesdienst, in dem Professor Karl Barth predigte. Er tat es aus Höflichkeit gegenüber seinem Vater. Doch da geschah das, was er später als ein „Umundumgekehrtsein" beschrieb. Als wirkliche Revolution seines Lebens. Er hatte weder am Glauben seines Vaters, noch an einer Predigt dieses angeblich berühmten Schweizer Theologen sonderliches Interesse. Doch durch die kehlige Stimme des Predigers hindurch erreichte ihn der Ruf Gottes und stellte alles in seinem Leben auf den Kopf.

So kann es sein, doch auch still und ganz leise. Gott ist voller Ideen, wenn es ihm um die Erneuerung unseres Lebens geht. Manchmal war es auch eine starke Erschütterung, von der ein Mensch erfasst wurde, und in seiner Not rief er Gott an, der ihn erhörte und mit dem ganz neuen Geist beschenkte. „Ich fühle mich wie neugeboren", sagte mir jemand, der einen schrecklichen Autounfall, nachfolgende Operationen und eine langwierige Rehabilitation hinter sich gelassen hatte und nun wieder gesund und voll arbeitsfähig war.

Es gibt manchmal auch ohne Unfall einen Lebens-Crash, der jemanden aus der Gleichgültigkeit herausholt, und er findet zurück zu Gott.

144

Doch gibt es auch fröhliche Ursachen. Eine Ärztin, die nach einer langen Wartezeit gerade Mutter geworden war, bat mich um Hilfe beim Beten. Sie wolle so gerne mit ihrem Kind beten, wie es die Mutter mit ihr getan hatte, und sie konnte es (noch) nicht. Das war ihr Weg in die Wiedergeburt. Die Freude über das Kind und die Sehnsucht beten zu können. Ihre Sehnsucht nach dem Kind und nun ihre Sehnsucht nach Gott fanden Erfüllung.

Das Wort „Wiedergeburt" bezeichnet nicht eine besondere Form des Glaubens, es ist eines der Worte für den ganz normalen Glaubensbeginn eines Christen. Er glaubt an Jesus Christus, der ihn mit Gott in eine ganz neue Verbindung gebracht hat. Christus ist für ihn gestorben (Passion), Christus ist auferstanden (Ostern), und der Christ ist unsagbar dankbar, dass ihm die Schuld vergeben ist und seinem Leben eine total neue Perspektive gegeben wurde. Dieser Glaube ist durch den Heiligen Geist in seinem Leben zu einer erfahrbaren Kraft geworden.

Der stotternde Evangelist

Wir besuchten mit einer kleinen Gruppe das sogenannte „Gartengrab" am Rande von Jerusalem. Ein offenes Felsengrab, von dem der Verschlussstein weggerollt ist. Dieses Grab wird von manchen für das Grab gehalten, in dem Jesus lag, bevor er auferstand. Das jedoch ist nicht sicher, denn es gibt noch andere Gräber dieser Art in Jerusalem. Wer die „Heilige Stadt" kennt und liebt, weiß, dass ständig irgendwelche Orte und Steine den Vorfahren des Glaubens von Israel, vom Islam und von der Christenheit zugeordnet werden. Die Stadt knistert von Erinnerungen des Glaubens. Eine spirituelle, religiöse Stadt. Jedoch auch mit allen Gefahren, die es mit sich bringt, wenn mehrere Religionen aufeinandertreffen.

Als wir vor diesem offenen Grab standen, stieg ein „Fremdenführer" auf einen Steinblock und hielt uns eine unvergessliche Osterpredigt. Er war ein Niederländer, der gut deutsch sprach, doch er war unüberhörbar ein „Stotterer". Das störte ihn offenbar überhaupt nicht, und uns rasch auch nicht mehr, denn wir hingen wie gebannt an seinen Lippen. Da stand ein stotternder Prediger, der uns erklärte, dass wir nicht auf dieses Steingrab starren sollten. Wo das Grab Jesu auch gewesen sei, das sei wirklich nicht wichtig. Christen glauben nicht an Steine und alte offene Gräber, sagte er uns, sondern an den lebendigen Herrn Christus. Jesus sei überall, wo sein Name gepredigt wird und Menschen „seinen Namen anrufen", verkündete er. Jesus sei also nicht nur hier in diesem Garten, sondern auch bei uns in Deutschland oder wo immer wir wohnten. Wir sollten doch unsere Herzen ganz weit für Jesus öffnen, er sei der Lebendige und kein Toter von damals. So könnten wir die Erfahrung einer Gewissheit des Glaubens machen, die unser ganzes Leben erneuern würde. Er war ein begeisterter und begeisternder Prediger. Eigentlich kein Fremdenführer, sondern ein Evangelist.

Ich war sehr gepackt von der so einfachen und theologisch doch ganz korrekten Predigt des stotternden Evangelisten. Andere hatten auch fröhliche Augen, als wir den Garten verließen. Ich weiß nicht, wie er hieß, der durch den Glauben tief bewegte Mann, doch ich sehe ihn immer noch vor mir. Ein Osterzeuge, der die Gewissheit des Glaubens predigte.

Auskunft geben...

„Wir sind die Auskunft" – so steht es auf dem Briefumschlag meines Telefonanbieters, der heute in meinem Briefkasten lag. Die Bahn gibt Auskunft, die Banken, die Kaufhäuser haben einen Anschluss für Auskunft. Auskünfte überall, immer mehr auch im Internet.

Auch Menschen, die an den Auferstandenen glauben, können und sollen Auskunft geben. „Seid immer bereit, Rede und Antwort zu geben, wenn jemand fragt, warum ihr so von Hoffnung erfüllt seid." So lässt uns Petrus durch seinen Sekretär Silvanus schreiben (Vgl. 1. Petrus 3,15). Vielleicht geht er dort in Rom auf einer Terrasse auf und ab und überlegt sich, welche Ratschläge er den Christen in den Gemeinden Kleinasiens für die Gestaltung ihres Lebens und Glaubens geben kann. Die Zeiten werden schwieriger. Es braut sich etwas gegen die Christen zusammen. Sie achten den Kaiser nicht als göttlich. Das nimmt der Kaiser übel.

Der Apostel geht davon aus, dass die Christen nach der Ursache ihrer Hoffnung gefragt werden. Die Menschen aus anderen Religionen des Römischen Reiches und die philosophisch Distanzierten werden merken, damit rechnet Petrus, dass die Christen etwas Besonderes haben. Hoffnung haben sie, die sich in ihrem Verhalten auswirkt.

Jedenfalls rechnet Petrus damit, dass die Christen auffällig werden. Nicht weil sie sich moralisch besser vorkommen als andere, sondern weil sie eine innere Freiheit haben, die man in den anderen Religionen nicht findet. Darum also wird man sie fragen nach dem Geheimnis ihres Lebens. Damals fiel man noch auf, wenn man sich zu Christus bekannte. Wir leben heute wie in einem „Gemischtwarengeschäft". Da wird man umso mehr hellwach sein müssen.

Outen müssen wir uns, sagen, dass wir in einer Beziehung zum lebendigen Jesus Christus leben. Nicht unbedingt an jeder Straßenecke, doch in Gesprächen öfter, als wir es bisher taten. Aber auch unsere Taten sollen reden.

Die Christen in Kleinasien waren vorher Heiden, nun Christen. Nicht per Gewohnheit, sondern durch Bekehrungen vom Heidentum zum Glauben an Jesus Christus. Das macht auskunftsfähig und kompetent, wenn einer eine so tiefgreifende Veränderung erfahren hat. Petrus schreibt ihnen, dass sie hellwach sein sollen. „Allzeit bereit", immer auf Empfang mit ausgefahrenen Sensoren. Manche Frage kommt versteckt, verborgen in einem Gespräch über den Beruf, die Liebe, die Erziehung und das Leid, doch es ist eine heimliche Frage nach der Hoffnung des Glaubens. Dann „outet" euch als Christen, würde es heute heißen.

Viele tragen eine Sehnsucht nach Gott in sich. Sie suchen Gesprächspartner. Oft habe ich Menschen getroffen, die zuerst ganz verschlossen waren, doch dann öffneten sie die Türen und überschütteten mich mit Fragen. Bei ihnen war ein inneres Vertrauen erwacht. Das braucht oft viel Zeit, doch das muss möglich sein. Besonders wenn es um die letzten tiefen Lebensfragen geht.

So viel ist offenbar klar: Der Glaube an den lebendigen Jesus Christus macht froh, auch wenn nicht alles nur fröhlich ist im Leben. Es ist sozusagen eine „Tiefenfreude", nicht eine Lustigkeit wie in der Fernsehwerbung für hübsche, bunte Sachen. Christen kennen eine innere Überzeugung, die auch den Tod nicht fürchten muss. Das Sterben kann schwer sein, doch es trennt uns nicht von Jesus, das ist ein Grundbestand des Glaubens. Das Leben eines Christen wird von der Hoffnung geprägt sein. Ist es wirklich so, ihr Christen? Sind wir auskunftsfähig und dazu bereit? Frag-würdig leben ist gemeint.

Nicht vereinsamen

Einsamkeit ist heute eine seelische Erfahrung vieler Menschen. Nicht nur älter gewordene Frauen und Männer, sondern gerade auch junge Leute fühlen sich einsam. Einsamkeit ist eine Art moderner Seelenkrankheit. Und leider die Ursache für manche Ersatzhandlungen. Zu viel Alkohol, falsche Freunde und die von Frank Sinatra besungenen Nachtläufer: „Strangers in the night." Schlafstörungen werden durch schnell eingeworfene Tabletten ausgetrickst. Die Telefonrechnungen steigen. Letzteres ist jedoch oft gut angelegtes Geld.

Es gibt auch Menschen, die sich nicht besonders einsam fühlen. Sie haben den ganzen Tag Betrieb um sich und in sich, und wenn sie nach der Arbeit nach Hause kommen, gehen sie unter die Dusche und beginnen einen schönen Abend. Mit einem Buch und Musik oder einer interessanten Sendung im Fernsehen. Doch ihre Zahl dürfte die kleinere sein. Nicht jeder hält ein Single-Leben so leicht aus.

Christen erinnern sich gerne an ein Jesuswort, das seit Ostern hochaktuell ist. Jesus hat es zu seinen Jüngern gesagt, um sie auf die Zukunft vorzubereiten. „Denn wo zwei oder drei versammelt sind in meinem Namen, da bin ich mitten unter ihnen" (Matthäus 18,20).

Es geht also um die unsichtbare Anwesenheit Jesu dort, wo man gemeinsam an ihn denkt, von ihm redet und zu ihm betet. Gemeint ist die Gegenwart von Jesus im heiligen Geist. Keine Spinnerei, sondern Urbestand des Glaubens der Christen. Selbstverständlich kommt Jesus durch seinen Geist auch zu jemandem, der ganz allein irgendwo sitzt und vor sich hin verkümmert. Ein Ruf genügt, und er ist da.

Anrufe nennen wir unsere Telefongespräche. „Wie heißt die Telefonnummer Gottes?", fragte mich ein junger Kerl. Ich wusste sie nicht – da sagte er: „5015". Und er erklärte mir, dass er Psalm 50,15 meinte: „... rufe mich an in der Not, so will ich dich erretten und du sollst mich preisen." Zu primitiv? Vielleicht zu naiv? Und doch für viele die oft letzte Möglichkeit. Manche kennen auch diese Nummer nicht oder haben den Mut aufgegeben. Doch Gott ist ständig online, bei ihm ist nie besetzt. Mancher Ruf scheint nur gegen die Zimmerdecke oder in das Kopfkissen zu gehen, doch eines Tages kann sich überraschend zeigen, dass Gott sehr gut hört und auf seine Weise auch erhört. Doch seien wir ganz nüchtern, das Gebet ist kein Automat: „Geld rein, Drops raus." Da höre ich gerne auf Dietrich Bonhoeffer, den Märtyrer unserer Kirche im 20. Jahrhundert, der in seinen Briefen aus dem Gefängnis schreibt: „Nicht alle unsere Wünsche erfüllt Gott, aber alle seine Verheißungen."

Es ist ein großes Geschenk, wenn Christen sich „in seinem Namen" treffen und diese neue Art der Gemeinschaft entdecken können. Übrigens tun sie es ganz selbstverständlich. Sie reden nicht dauernd darüber, sie gehen davon aus.

Das passiert nicht nur in Gottesdiensten, sondern mitten im Alltag. Wenn sich drei Frauen bei Karstadt an der Grabbelkiste für Herrensocken (3 Paar für 6 Euro) zufällig treffen und als Christinnen ganz normal über die Gemeinde und den Glauben ins Gespräch kommen, dann sind sie „Gemeinde Jesu Christi" an der Grabbelkiste bei Karstadt. Und wenn jemand aus seinem depressiven Einbruch spät abends noch einen Freund per Telefon anruft und ihn um ein entlastendes Gespräch und um ein Gebet bittet, dann sind die zwei „im Namen Jesu" versammelt. So einfach und naiv sehe ich es.

Besonders wichtig wird dann natürlich der Gottesdienst oder ein „Hauskreis", in dem sich Christen treffen. Das sind kleine Gruppen, die sich in den Wohnungen rundherum, mal hier, mal dort treffen, gemeinsam einen Abschnitt der Bibel oder auch ein Thema besprechen. So begannen die Urchristen ihre Gottesdienste. Nicht in Domen, sondern in Hausgottesdiensten. Und das alles, weil Jesus Christus lebt. Die Glaubenden rechnen mit seiner stillen und starken Anwesenheit. Er hat es versprochen. Übrigens entstehen so auch ganz neue Kontakte und Freundschaften. Manchmal sogar Ehen... Doch es gibt auch fröhliche Singles, putzmunter und noch fromm dazu, supernormal...

Epilog: Alle Christen haben Schulden

Ich bin ein Schuldner der Griechen und der Nichtgriechen, der Weisen und der Nichtweisen; darum, soviel an mir liegt, bin ich willens, auch euch in Rom das Evangelium zu predigen. (Römer 1,14 u. 15)

Keiner hat gerne Schulden. Schulden sind drückende Lasten, sie machen Sorgen, vertreiben den Schlaf und führen zu Verzweiflungstaten. Der Weltmissionar Paulus gebraucht ausgerechnet das Wort Schuld, um seinen Auftrag zur Verkündigung des Evangeliums zu erklären. „Ich bin ein Schuldner", schreibt er und verwendet die Vokabel, die damals für Geldschulden gebraucht wurde. Er ist ein Schuldner „der Griechen und der Nichtgriechen, der Weisen und der Nichtweisen". Damit sind alle Völker, Menschen aller Bildungsschichten, aller Sprachen und religiösen Herkünfte gemeint. Paulus vertritt keine Elitereligion, sondern die Jesusgemeinde, die stets bei den Armen und Verachteten sein soll. Doch auch die Gebildeten und Wohlhabenden brauchen das rettende Evangelium. Ihre Klugheit erweist sich vor Gott als Dummheit, wenn sie sich ihrer Weisheit rühmen.

Was der Apostel von sich sagt, gilt allen Christen. Haben wir wirklich schon verstanden, dass uns Christen das Evangelium nicht gehört? Es gehört Gott allein. Nach Markus 1,14 „kam Jesus nach Galiläa und predigte das Evangelium Gottes". Der lebendige Gott hat die befreiende Botschaft von Jesus, dem Retter von Sünde, Schuld und Gericht, allen Menschen, die auf unserer Erde leben, durch seinen göttlich-juristischen Beschluss zugeeignet (Epheser 3,8–11). Jesus ist real für alle am Kreuz gestorben, es gibt auf unserer Erde nur von Gott geliebte Menschen. Am Kreuz betete Jesus für seine Mörder. Dieses Gebet liegt auf allen Menschen aller Zeiten. Das ist die

Vision des Völkermissionars Paulus. Das Evangelium gehört allen Menschen, wir sind es ihnen schuldig, wir sollen es nicht in unsere Tasche stecken oder in Flaschen füllen, die wir im Keller abstellen.

154 Diese Wahrheit geht unseren Entscheidungen, unserem Glauben weit voraus. Das Evangelium wird nicht erst dynamisch, es wird nicht erst aktiv und gültig, wenn wir so gütig sind, es zu akzeptieren. Der Glaube kann erst durch die Verkündigung erweckt werden. In ihr wird die geschenkte „Gerechtigkeit Gottes", die uns am Kreuz Christi durch Gott mit Gott in Ordnung bringt, enthüllt, aufgedeckt und als Freiheitsbotschaft ausgerufen. Christen sind Menschen, die Gottes Liebe zu ihrem eigenen Erstaunen schon verstanden und erfahren haben. Sie sind keine Bevorzugten; neben ihnen steht schon der Mensch, dem sie bezeugen sollen, wer Jesus ist. Das ist ihre Pflicht und Schuldigkeit. Eine wunderbare Verantwortung und Aufgabe. Wir sollen die Menschen zu Jesus führen. Sie werden zu Umkehr und Glaube herausgefordert. Im Wort kommt das Evangelium durch die Ohren in die Herzen und fährt von dort durch den Geist Jesu in die Hände und Füße und auf die Lippen der Glaubenden.

Jeder Mensch hat also das Recht, von uns zu erwarten, dass wir ihm das Jesus-Evangelium erzählen und ihn in den Glauben hineinführen. Es ist nicht unser Privateigentum. Es sei das „Menschenrecht aller Menschen", durch die Kirchen und Christen das Evangelium zu erfahren. So hat John Stott, der führende evangelikale englische Theologe auf einer Weltkirchenkonferenz der Ökumene im schwedischen Uppsala erfreulich klärend gesagt. Ganz in der Linie des Apostels.

So werden alle Christen zu Schuldnern aller Menschen, mit denen sie leben. Auch wir sind Schuldner der Menschen unserer Umgebung. Doch wer sind bei uns die Griechen und Nichtgriechen, die Weisen und Nichtweisen? Wir müssen sie nicht mühsam suchen, sie leben vor unserer Haustür. In den Gemeinden und Hauskreisen sollten wir die „Adressen" ermitteln. Die weltweite Mission beginnt stets vor unserer Haustür. Sie zieht wie bei Zirkelschlägen immer weitere Kreise. Die ganze Welt ist die Adresse der Mission.

Entlastet von der Schuld unserer Sünde werden wir sofort neu belastet mit der wunderbaren Schuld des Evangeliums. Das ist der Weg unseres Herrn mit uns. Lasst uns aussteigen aus dem gemütlichen Christentum der gepflegten Seelen. Das Evangelium gehört allen Menschen. Wir sind ihnen die Botschaft schuldig. Wir müssen uns des Evangeliums nicht schämen, wie Paulus sagt, wir müssen uns jedoch schämen, wenn wir es verschweigen.

Anmerkungen

1 Salcia Landmann, *Jüdische Witze*, München: dtv.
2 Zitiert bei: Paul Schütz, *Gesammelte Werke, Band 5; Wiederstand und Wagnis*. Moers: Brendow, 1982.
3 Dietrich Bonhoeffer, *Nachfolge*. Gütersloh: Gütersloher Verlagshaus, 1952, S. 17.
4 Thema Gott: *Frage von gestern und morgen...* Stuttgart: Evangelisches Bibelwerk; Stuttgart: Katholisches Bibelwerk, 1970.
5 Das Christkind lebt – eine Plakataktion zur Weihnachtszeit von gott.net. Plakate mit diesem Slogan wurden in verschiedenen Städten in Deutschland aufgehängt.
6 Dietrich Bonhoeffer, *Nachfolge*. Gütersloh: Gütersloher Verlagshaus, 1952, S. 20.